Jens Baum

Keine Angst vor morgen

Jens Baum

Keine Angst vor morgen

Strategien für den Umgang mit Zukunftsängsten

mvg Verlag

Bibliografische Information der Deutschen Bibliothek
Die Deutsche Bibliothek verzeichnet diese Publikation in der Deutschen Nationalbibliografie; detaillierte bibliografische Daten sind im Internet über http://dnb.ddb.de abrufbar

In Dankbarkeit für das wachsende Vertrauen, das ich gerade in Zeiten der Angst finden durfte.

www.mvg-verlag.de

Umschlag: Atelier Seidel, Neuötting
Satz: abavo GmbH, Buchloe
Druck und Bindearbeiten: Ebner & Spiegel, Ulm
Printed in Germany 07104/020601
ISBN 3-636-07104-1

Inhalt

Vertrauen

Konsequenzen für den Alltag

Stufen

Wie jede Blüte welkt und jede Jugend
Dem Alter weicht, blüht jede Lebensstufe,
Blüht jede Weisheit auch und jede Tugend
Zu ihrer Zeit und darf nicht ewig dauern.
Es muss das Herz bei jedem Lebensrufe
Bereit zum Abschied sein und Neubeginne,
Um sich in Tapferkeit und ohne Trauern
In andre, neue Bindungen zu geben.
Und jedem Anfang wohnt ein Zauber inne,
Der uns beschützt und der uns hilft, zu leben.

Wir sollen heiter Raum um Raum durchschreiten,
An keinem wie an einer Heimat hängen,
Der Weltgeist will nicht fesseln uns und engen,
Er will uns Stuf' um Stufe heben, weiten.
Kaum sind wir heimisch einem Lebenskreise
Und traulich eingewohnt, so droht Erschlaffen,
Nur wer bereit zu Aufbruch ist und Reise,
Mag lähmender Gewöhnung sich entraffen.

Es wird vielleicht auch noch die Todesstunde
Uns neuen Räumen jung entgegen senden,
Des Lebens Ruf an uns wird niemals enden …
Wohlan denn, Herz, nimm Abschied und gesunde!

Hermann Hesse

Vorwort

Ist das Ihre Situation? Sie haben Ängste und wissen oft nicht weiter. Es fällt Ihnen manchmal schwer, Ihren Alltag zu bewältigen, weil Sie sich bedrückt und belastet fühlen. Oft genug bringen diese Ängste Sie um Ihren Schlaf und nehmen Ihnen dann fast die Luft zum Atmen. Immer wieder fühlen Sie sich ängstlich oder verzweifelt, dabei wie gelähmt und energielos oder aber unruhig und nervös. Das ganze Leben scheint aus immer mehr Ereignissen zu bestehen, vor denen Sie sich fürchten.

„Wir leben in einer Welt, die kalt geworden ist und die uns Angst macht." Diese und ähnliche Worte lese und höre ich immer wieder. Es fühlen sich viele Menschen als Opfer „dieser Welt", der man nur mit Ängsten und Sorgen begegnen kann. Wird uns wirklich ein Leben zugemutet, das zum Fürchten ist?

Ich werde Ihnen die Welt nicht erklären können. Ich bin ein Mensch, also keiner, der für sich beansprucht, das „Wissen des Lebens" zu verkünden. Ebenso werde ich Ihnen keine Neuigkeiten erzählen, denn das für uns notwendige Wissen ist schon lange bekannt! Es muss nur erkannt und dann auch angewendet werden!

So kann ich Ihnen dieses Wissen in eine verständlichere Sprache „übersetzen", Wege und Möglichkeiten aufzeigen, wie Sie sich im „Irrgarten der Ängste" zurechtfinden können. So kommt es vielen Menschen vor: Sie haben sich in diesem Irrgarten verlaufen und haben zusätzlich Angst, nicht wieder herauszufinden.

Es sind also Wegweiser notwendig. Das Tröstliche ist, dass Sie, wenn Sie sich verirrt haben, sich nicht erst dann wohler fühlen, wenn Sie am Ziel angekommen sind, sondern bereits Zuversicht und frischen Mut finden, wenn Sie überhaupt erst mal eine Vorstellung von der Richtung haben, in die Sie weitergehen können!

Ich selbst habe viele, auch existenzielle Ängste und schwierige Situationen durchlebt und fühle mich daher in der Lage, Ihnen in diesem Buch einige Wege aufzuzeigen.

Hierfür wird keine „rosarote Brille" notwendig sein, sondern eine „Brille der Klarheit". Es gilt, die Lebensumstände aufmerksam und deutlich zu sehen und nicht die Augen vor so manchen unerfreulichen Realitäten zu verschließen. Zu dieser Realität gehören aber auch jene Instrumente, mit denen wir unsere derzeitige Wirklichkeit für die Zukunft wirkungsvoll verändern können!

Ebenso ist keine „Elefantenhaut" notwendig – im Gegenteil. Es ist wichtig, die eigene Sensibilität zu nutzen, um durch sie die inneren Mechanismen und Lebenszusammenhänge zu erkennen. Nicht Ihre Sensibilität macht Ihnen das Leben schwer, sondern wie Sie Ihre Sensibilität nutzen!

Wir Menschen haben die Würde und die Freiheit der eigenen Entscheidungsmöglichkeiten mitbekommen, wir sind sogar recht stolz darauf. Damit besitzen wir aber auch wunderbare Möglichkeiten, unser Leben selbst zu gestalten.

Mit Erstaunen sehe ich, dass diese Freiheit der Entscheidung oft genutzt wird, um Realitäten zu schaffen, die anschließend als bedrohlich empfunden werden. Es gibt auf dieser Welt eine Unzahl von Ereignissen, die als höchst unerfreulich, leidvoll und beängstigend angesehen werden, keine Frage. Besteht aber die einzige Möglichkeit darin, den eigenen Ängsten hilflos ausgeliefert zu sein?

Es gibt immer noch andere Möglichkeiten, mit den großen Problemen dieser Welt, aber auch mit den kleinen Problemen des Alltags umzugehen. Diese Freiheit der Entscheidung wird aber viel zu selten konstruktiv genutzt. Es gibt seit Jahrtausenden folgenden Grundsatz, den ich hier in vereinfachter Form wiedergebe:

Nicht eine Situation macht Sie fertig,
sondern wie Sie darüber denken.

Und was Sie über die Ereignisse der Welt oder auch Ihres Lebens denken, hat natürlich Wirkungen! Diese Wirkungen lassen sich nun nutzen, um Veränderungen in zweierlei Hinsicht zu schaffen: für Ihr eigenes Wohlgefühl und für eine Verringerung der Probleme in der Welt. Die spannende Frage ist, ob das eine vom anderen abhängig ist – oder umgekehrt. Welcher Satz hat für Sie Gültigkeit?

- Nur wenn es weniger Probleme gibt auf der Welt, kann ich mich wohl fühlen.
- Nur wenn ich dafür sorge, mich wohl zu fühlen, kann es auch weniger Probleme auf der Welt geben.

Ich persönlich halte den ersten Satz für sehr problematisch. Er drückt eine *passive* Erwartungshaltung aus. Damit jedoch lassen sich keine Veränderungen oder gar Lösungen herbeiführen. Das Resultat werden Opferrolle, Ängste, Sorgen und Vorwürfe sein. Lösungen sind aber, das spüren wir alle, von entscheidender Wichtigkeit im Leben!

Nur mit einer *aktiven* Grundhaltung kann es weitergehen. In welcher Art und Weise wir diese Welt gestalten, fängt natürlich bei uns selbst an. Nur wenn wir dafür sorgen, dass wir uns wohl fühlen und unsere Energie

„wach" ist, wird es möglich sein, in dieser Welt konstruktiv zu wirken und zu Lösungen beizutragen.

Die Welt ist genau so, wie sie jetzt ist. Ebenso ist unser Leben in dieser Welt so, wie es ist. Mit dieser Feststellung fangen jedoch bereits Probleme an. Wie ist denn diese Welt wirklich? Ist das, was wir von ihr erfahren, die wirklich objektive Wahrheit? Wie wird von den Ereignissen in dieser Welt berichtet? Was wird von uns wahrgenommen?

Auch wenn es keine objektive Berichterstattung und Wahrnehmung gibt, so bleibt doch der Umstand, dass eine Fülle von unerfreulichen und leidvollen Ereignissen existiert.

Da nun Ängste Bestandteil Ihrer Realität sind, wird es zunächst darum gehen, wie Sie damit sinnvoll umgehen können. Ich denke, dass wir alle folgende beiden Wünsche haben:

- mehr Lebensfreude
- eine bessere Welt.

Da die bisherigen Denkmuster und Verhaltensweisen nicht zu überzeugenden Wirkungen geführt haben, ist es an der Zeit, nach Alternativen zu suchen.

Von diesen Alternativen handelt dieses Buch! Es wird Ihnen einen gangbaren Weg zeigen, mit den Ängsten anders als bisher umzugehen, zu Lösungen zu kommen und damit zu beginnen, in Ihrem Leben (wieder) mehr Lebensfreude zu spüren. Es sind erste Schritte in Richtung einer Welt, die wir uns alle wünschen.

Ob Sie diesen Weg gehen werden oder sich andere sinnvolle Wege suchen, bleibt Ihre eigene Entscheidung. Nehmen Sie dieses Buch als Einladung!

An dieser Stelle spreche ich meiner Lektorin Heike Mayer vom Kösel-Verlag meinen herzlichen Dank aus, dass sie dieses Thema anregte und damit mir die Gelegenheit gab, mein Wissen weiterzugeben. Ihre vertrauensvolle und konstruktive Haltung haben mich bei meiner Arbeit wohltuend begleitet und bereichert.

Wichtige Vorbemerkung

Der Begriff „Angst“ kann zu Unklarheiten führen, weil er gleichzeitig für die lebensnotwendige, hilfreiche und natürliche Grundform der Angst als auch für deren übersteigerte, unnatürliche und blockierende Form verwendet wird.

Darum spreche ich meist von „Ängsten“, wenn ich diese übersteigerte Form meine. Der Begriff „Angst“ sollte daher aufmerksam betrachtet und auf seine jeweilige Bedeutung hin bewertet werden.

Gegenwärtige Realität

Ohne Lagebestimmung keine Veränderung

Welch ein Widerspruch!

Was haben die Menschen gerade in den letzten 150 Jahren nicht alles erreicht! Neues Wissen und Fortschritte sind auf allen Gebieten zu verzeichnen, die wir als wichtig und notwendig erachten. Sei es in Technik, Wissenschaft, Medizin, Gesellschaft, Politik und vielen weiteren Bereichen: Überall hat die Menschheit sich weiterentwickelt und ist auch stolz auf diese Leistungen. Die Motivation zu diesen Leistungen resultiert letztlich aus der Haltung der Menschen, dass das Leben möglichst einfach und angenehm sei und dass man sich zunehmend wohler fühlen möge. Bei so vielen Erfolgen auf allen Gebieten wäre doch zu erwarten, diesem Ziel tatsächlich naher gekommen zu sein.

Und dennoch: Die Realität sieht anders aus. Schauen Sie sich um! Mehr und mehr breiten sich Gefühle von Verunsicherung, Bedrohung, ständiger Besorgtheit* und Ängste aus. Ja, es sieht so aus, als ob diese Gefühle regelrecht „Besitz“ von den Menschen ergreifen, die sich anscheinend nicht dagegen wehren können. So empfinden sich viele als regelrechtes „Opfer“ der Ängste und Sorgen, der Verunsicherung und Verzagtheit.

Können Sie sich hier wiederfinden? Diese Gefühle sind kaum dazu geeignet, sich im Leben wohl zu fühlen. Im

---

* Ich spreche künftig von „Sorgen“, obwohl dieses Wort genau genommen nur Gedanken beschreibt, nicht ein Gefühl.

Gegenteil! Diese Gefühle lähmen regelrecht, nehmen die Energie und schwächen, machen aber auch unruhig und nervös. Können Sie sich damit zufrieden fühlen? Sicherlich nicht.

Die „Fortschritte" mit dem Ziel eines besseren Lebens scheinen das Gegenteil bewirkt zu haben.

Bedrückend ist das Ergebnis einer bundesweiten Umfrage am Ende des Jahres 2002: *85 %* der Menschen gaben an, Angst vor der Zukunft zu haben. Lediglich 15 % der Menschen gaben an, sich vor der Zukunft nicht zu fürchten!

Wie kann dies geschehen? Auf der einen Seite sind wir stolz auf unsere Leistungen und Fortschritte, auf der anderen Seite rauben uns Sorgen und Ängste jegliche Energie und Zuversicht.

Ich werde Sie gleich zu Anfang mit einem Satz konfrontieren, der quasi als „Überschrift" für all das, was Sie auf den folgenden Seiten lesen werden, gelten kann. Es ist ein Satz, der von dem griechischen Philosophen Epiktetos (ca. 50 bis 130 n. Chr.) so formuliert wurde:

Nicht die Dinge selbst beunruhigen die Menschen, sondern ihre Urteile und Meinungen über diese Dinge.

Um es klar und deutlich auszudrücken: Ob wir angesichts der bisherigen Weiterentwicklungen und Fortschritte tatsächlich unserem Bestreben näher kommen, uns in unserem Leben wohl zu fühlen, entscheiden wir selbst! Wer sollte es auch sonst tun?

Aber dies kann nur das Ziel sein. Um dorthin zu gelangen, bedarf es erst einmal einer aufmerksamen Bestandsaufnahme der gegenwärtigen Situation wie auch für deren Hintergründe. Erst dann wird sich die Lösung entwickeln!

Anlässe für Sorgen und Ängste

Die momentane Lage sieht nun überhaupt nicht erfreulich aus. Jeder kennt dieses Gefühl: Angst bzw. Ängste. Die Angst hat viele Ausdrucksformen und kann in verschiedener Intensität wahrgenommen werden. Ich werde mich in diesem Buch vor allem mit den übersteigerten und darum als besonders bedrohlich empfundenen Formen der Angst beschäftigen, die z.B. als Gefühl der ständigen Besorgtheit, der Verunsicherung, der ängstlichen Grundhaltung, aber auch der lähmenden, erschreckenden und leidvoll erfahrenen Ängste empfunden werden. Da die Gefühle in uns nicht einfach „vom Himmel fallen" oder „aus dem Bauch kommen", sollten wir uns zunächst klar machen, welche Anlässe diese Ängste haben.

Krieg, Terror, Gewalt

Mit Beginn des neuen Jahrtausends scheint eine Eskalierung gewalttätiger Ereignisse eingetreten zu sein. So jedenfalls wird es von vielen gesehen. So wurden z.B. die Terroranschläge auf das World Trade Center in New York am 11. September 2001 als „Menetekel" gesehen und die Meinung entstand, dass die Welt sich nun verändert habe und nicht mehr so sei, wie sie einmal war. In der Tat sind hier Dimensionen deutlich geworden, die wir nicht für möglich gehalten haben.

Wirklich nicht? Der Blick auf den Einsatz der beiden Atombomben am Ende des Zweiten Weltkrieges (eine *einzige* Bombe über Hiroshima tötete uber 200 000 Menschen!!) wie auch der Krieg in seiner ganzen Grausamkeit selbst zeigt seit 50 Jahren deutlich, welche Dimensionen die Gewalt der Menschen annehmen kann. Ich erwähne hier auch die Tatsache, dass das momentane Atomwaffen-Arsenal die Welt gleich mehrfach „in die Luft" sprengen kann.

Auch weltweit gesehen ist es überall in der Vergangenheit zu Gewalt, Terror und Krieg gekommen und dies setzt sich in der Gegenwart fort. Diese Ereignisse sind immer wieder eskaliert, was zu Tod, Zerstörung, Leid usw. geführt hat und weiter führt, in kleinen wie auch in großen Dimensionen. Auf eine Aufzählung kann ich hier sicherlich verzichten, da Ihnen dies bekannt ist.

Nun ist der Eindruck einer Eskalierung entstanden, d.h. dass diese Ereignisse in letzter Zeit häufiger geschehen. So gab es z.B. eine Serie von Terroranschlägen, die vor allem Urlaubsziele trafen, wonach die Gefühle von Bedrohung und Verunsicherung sehr viel intensiver geworden sind. Eine Boulevard-Zeitung machte dies mit der Schlagzeile deutlich: „Sind wir denn nirgends mehr sicher?"

Aber auch die Gewalt „in kleinerem Maßstab", sicherlich als nicht weniger bedrohlich empfunden, scheint zuzunehmen. Die Zeitungen und die Fernsehnachrichten legen uns diese Erkenntnis nahe. Und gewiss ist, ob tatsächlich eine Zunahme besteht oder nicht: Gewalt existiert in unserer Realität und ist immer wieder Anlass für diese Ängste.

Schadstoffe, Strahlung

Auch die Schlagzeile, die ich einmal gelesen habe und die sinngemäß heißt: „Was können wir denn überhaupt noch essen?", zeigt auf, welche Ängste und Sorgen hier bestehen. Immer wieder erfahren wir von Umweltproblemen und Umweltskandalen, sei es in den Lebensmitteln oder sei es in Luft, Wasser und Boden. Was ist nicht schon alles gefunden worden: Pestizide, Antibiotika, krebserregende Substanzen, Krankheitserreger und vieles mehr. Eine neue Qualität der Bedrohung ist seit dem Reaktorunfall in Tschernobyl deutlich geworden. Bis heute finden sich in unserer Umwelt, und somit auch in bestimmten Lebensmitteln, die Reste dieser radioaktiven Strahlung. Ich habe Menschen getroffen, die tatsächlich kaum etwas mit gutem Gewissen essen konnten und die sich tatsächlich „chronisch vergiftet" fühlten durch das, was sie essen, sei es auch noch so ausgewählt. „Die Angst isst mit", dieser Satz bestimmt die Realität vieler Menschen, sei es auch nur in der abgeschwächten Form der Sorgen oder eines „unguten" Gefühls. Immer wieder erreichen uns Meldungen über Verseuchung des Bodens mit Chemikalien, der Meere mit Öl, von Luftverschmutzungen und vieles mehr. Die Sorgen und Ängste zeigen sich in den Aktivitäten vieler Menschen bzw. Organisationen, die sich darum bemühen, die Missstände zu verdeutlichen und Abhilfe zu schaffen. So zeigen auch Proteste gegen die Atommüll-Transporte, wie sehr die Angst vor der radioaktiven Strahlung viele Menschen erfasst hat.

Unfälle, Krankheiten, Katastrophen

Aber auch im persönlichen Leben kann es immer wieder Situationen geben, in denen Ängste und Verunsicherungen entstehen können. Sind Krankheiten und Unfälle jeglicher Art bzw. andere Situationen, mit denen überhaupt nicht gerechnet wird, schon Anlass für belastende Gefühle, so vermag die Angst vor erneuten Geschehnissen dieser Art übermächtig zu werden. Dies gilt auch für Naturkatastrophen (z.B. Überschwemmungen) oder Gewalttaten jeglicher Art. Hier ist der Eindruck entstanden, dass diese Ereignisse häufiger werden und gerade deshalb Anlässe für Ängste sind. Gerade die Unberechenbarkeit oder das (scheinbare) Fehlen von Gründen können Probleme bereiten. Krankheiten werden oft gerade als „Geißeln der Menschheit" bezeichnet, sowohl in großen Dimensionen (z.B. Pest im Mittelalter, AIDS heute), als auch im eigenen Leben, in dem Krankheiten zu vielen leidvollen Erfahrungen führen können. Die Angst vor einer unheilbaren Krankheit ist weit verbreitet und beeinträchtigt nachhaltig das Leben vieler gesunder (!) Menschen. Dabei lebt eine gewaltige Mehrheit von Menschen in Gesundheit!

Das Erstaunliche ist, dass viele Menschen zwar viele schwierige Situationen in ihrem Leben gemeistert haben, dennoch aber daraus keine Zuversicht entwickelt und große Angst vor erneuten Ereignissen haben. Dies erscheint auch zunächst nachvollziehbar, weil der Eindruck entsteht, dass sich immer neue Krankheiten entwickeln. Ist dies nicht erstaunlich, da wir doch so stolz auf die Fortschritte in der Medizin und der Bekämpfung von Krankheiten sind? Wo sind denn diese „Fortschritte"? Was ist denn das Resultat?

Erstaunlich finde ich auch den Umstand, dass auch in Zeiten, in denen heftig über finanziellen Mangel geklagt wird, mehrere Millionen Euro jährlich ausgegeben werden, um sich vor Ereignissen zu schützen, die meist überhaupt nicht auftreten!

Existenzverlust, Arbeitslosigkeit

Immer wieder rücken die aktuellen Zahlen der Arbeitslosigkeit in den Mittelpunkt der Aufmerksamkeit, zumal diese Zahlen sehr hoch sind. Ohne Arbeit, ohne geregeltes und ausreichendes Einkommen zu sein ist in der Tat eine sehr leidvoll erfahrene Situation, mit der viele Menschen schwer umgehen können und die zu Ängsten und Verzweiflung führt. Einerseits ist das Gefühl, „auf dem Abstellgleis der Gesellschaft" zu stehen und keinen Platz in dieser Welt zu haben, in höchstem Maße schmerzlich. Andererseits wird der damit verbundene Geldmangel als sehr bedrohlich angesehen, drohen doch Verlust des bisherigen Lebensstils, des gesellschaftlichen Status. Aber es bestehen auch Ängste für die Zeit nach dem Arbeitsleben, wenn es ständige Meldungen über Rentenkürzungen gibt. Wie viele Menschen sehen sich um die „Früchte ihrer Arbeit" betrogen und fragen sich, wofür sie eigentlich so lange gearbeitet und Beiträge gezahlt haben.

Diese Situationen können zudem Anlass für Krankheiten sein, körperlich wie auch seelisch. Es ist natürlich nachvollziehbar, sich vor dieser Situation zu fürchten. Und so reagieren die Menschen auf die Nachrichten von Arbeitslosigkeit, Kürzungen, Rezession und Problemen in der Wirtschaft mit Ängsten und schauen mit großen Sorgen in die Zukunft.

Verlust der Zuwendung

Es gibt aber auch einen ganz anderen Bereich von Ängsten, den ich hier ebenfalls ansprechen werde. Es sind Ängste, die aus dem Zusammenleben und dem Kontakt mit anderen Menschen entstehen. Viele Menschen fühlen oft einen Mangel an innerer Energie, der sie zu hindern scheint, sich wirklich wohl zu fühlen. Und so geraten viele in die Abhängigkeit von anderen Menschen, indem sie sich auf deren Zuwendung, Liebe und Verständnis oder auch nur Höflichkeit und Freundlichkeit angewiesen fühlen. Sie meinen, nur dann zufrieden leben zu können, wenn sie all dies erhalten. Je ausgeprägter diese Haltung ist, umso größer natürlich die Angst, diese Zuwendung zu verlieren. Wenn man auf dem Ast sitzt, den andere Menschen einem hinhalten, dann ist die Angst vor dem Absturz verständlich, wenn dieser Ast nicht mehr da sein sollte.

So erscheint auch der Umstand, dass die Angst vor dem (tödlichen) Verlust eines nahe stehenden Menschen an dritter Stelle der Ängste steht, in einem interessanten Licht und lädt zu weiteren Fragen ein. Es gibt viele Menschen mit einer „abhängigen Persönlichkeitsstruktur“. Sie haben neben anderen Problemen auch immense Schwierigkeiten, mit Abschied bzw. Trauer umzugehen, und geraten schnell in große Ängste und depressive Verstimmungen, weil sie damit einen wichtigen Teil ihrer eigenen Lebensbasis verloren haben.

Damit verbunden sind aber weitere Ängste. Kennen Sie die Angst, etwas nicht zu schaffen, den (vermeintlichen) Erwartungen anderer nicht entsprechen zu können? Was sollen dann die anderen sagen? Könnten andere sich dann evtl. missbilligend von Ihnen abwenden? Und was dann? Sie müssen ja, wenn Sie die Zuwendung anderer unbedingt als Basis für Ihr eigenes Leben erhalten wollen bzw. müssen, ständig darum bemüht sein, die anderen zu motivieren, Ihnen Zuwendung zu geben. Sie müssen es ihnen also „recht“ machen, auch wenn es Ihnen nicht gut geht. Hier haben viele Erschöpfungszustände ihre Wurzeln. Und wenn Sie nicht gelernt haben, achtsam für sich selbst zu sorgen, wird der eigene Mangel als immer bedrohlicher empfunden. Und so können ausgeprägte Ängste entstehen, dass andere sich abwenden könnten, wenn Sie mal deren Erwartungen nicht entsprechen können oder wollen.

Negative Gefühle

Diese Angst erscheint nicht so vordergründig, als dass sie sogleich erkannt würde. Aus meiner jahrzehntelangen Arbeit mit Menschen weiß ich jedoch, dass sie weit verbreitet ist, ohne dass es den Betroffenen oft bewusst ist. Es sind dann nicht die schwierigen *Situationen,* vor denen sich Menschen fürchten. Es sind vielmehr die damit verbundenen *Emotionen,* weswegen viele geradezu in Panik geraten, sodass der Nervenzusammenbruch nicht mehr weit ist.

Da wir nicht gelernt haben, mit den unvermeidlichen „negativen" Gefühlen (als notwendigem Bestandteil unserer Lebendigkeit!) umzugehen, fühlen sich viele Menschen geradezu hilflos und bedroht, wenn unangenehme Gefühle sich melden. Und sobald diese Gefühle als Bedrohung empfunden werden, ist das Resultat natürlich: Ängste! Ich muss also von der Angst vor Trauer, Angst vor depressiven Verstimmungen, Angst vor Enttäuschungen, Angst vor Verlust, Angst vor „miesen" Stimmungen usw. sprechen. Dies führt zu einer weiteren Verschlechterung und letztlich auch zur „Angst vor der Angst". Es gilt hier:

Nicht eine Situation macht Sie fertig, sondern die emotionalen Reaktionen, die Sie deswegen (manchmal unbewusst, aber doch selbst) gewählt haben.

Wie Ängste unser Leben beeinflussen

Wir alle kennen es zur Genüge, wie es uns geht, wenn die Ängste da sind. Auch ich habe beruflich und privat hier schmerzliche und heftige Erfahrungen machen müssen, als ich meine Existenz zweimal verlor und ebenso meine Familie. Ich weiß darum selbst sehr wohl, was der Satz bedeutet: „Ich habe Angst!" Ich hatte diese Angst in den dunkelsten Phasen sogar herausgeschrieen, ich hatte mit Gott gehadert, ihm die Faust entgegengestreckt und ihm die Frage zugerufen: „Warum das alles!!??“ Ich war oft völlig verzweifelt, mir schien es, als würde mir der Boden unter den Füßen weggezogen, und ich fürchtete mich vor dem Sturz nach unten. Vorher kroch die Angst langsam, aber sicher im Körper hoch, mir wurde übel, der Magen zog sich zusammen, es schien mir die Luft zu nehmen, ein Eisenring zog sich um mich zusammen, das Herz klopfte und mir war, als würde ich gewürgt. Die Tränen stiegen mir in die Augen und ich habe auch manchmal nur noch geheult wie ein kleines Kind.

Nachts lag ich wach, die nächsten Tage türmten sich in bedrohlicher Weise auf. Die eigenen Fantasien wurden immer düsterer und häufig gab es nur eine Frage: „Mein Gott, wie soll das bloß werden?!“ Die Gedanken kreisten ständig um die Zukunft und es war für mich „kein Land in Sicht“.

Dazu kam das Empfinden der völligen Blockierung, der Kraftlosigkeit, der absoluten Unfähigkeit, irgendetwas Sinnvolles zu tun. Zum einen richtete sich meine ganze Aufmerksamkeit auf die Bedrohung, zum anderen ignorierte ich damit die konstruktiven Möglichkeiten, diese Situation zu bewältigen. Ich kannte damals noch nicht den Grundsatz:

Worauf ich meine Aufmerksamkeit richte,
dorthin fließt meine Lebenskraft.

Dass meine Haltung in der damaligen Situation eher die Lage noch verschlimmerte, habe ich erst später realisiert.

Glauben Sie mir, ich weiß, wovon ich rede, und kann die Menschen gut verstehen, die wegen ihrer Ängste in größte Schwierigkeiten geraten, sich bedroht fühlen und nicht mehr weiter wissen. Dieser Zustand wird wirklich als „innere Katastrophe" empfunden, sodass es völlig nachvollziehbar ist, sich hiervor zu fürchten. Durch diese „Angst vor der Angst" kann man in einen Teufelskreislauf geraten, aus dem es kein Entrinnen zu geben scheint. Am Ende bleibt vielen Menschen nur noch die Resignation, das Absinken in depressive Verstimmungen oder gar der Selbstmord.

Nun schreibt dieser Mann, der Ängste selbst durchlitten hat, ein Buch über Zukunftsängste! Wie soll das funktionieren?

Lassen Sie mich an dieser Stelle versichern, dass ich all das, was ich in diesem Buch schreiben werde, selbst erlebt, erarbeitet, durchlitten und durchschritten habe. Es sind Erkenntnisse, die ich aus aufmerksamer und sensibler Betrachtung der Geschehnisse um mich herum, aber auch in meinem Inneren gewonnen habe. Darum sage ich heute:

Ich lebe ohne Angst vor der Zukunft.
Ich gehe mit Vertrauen meinen Lebensweg.

Dies ist ein Ziel, das auch Sie erreichen können, wenn Sie es denn erreichen wollen. Ich muss dies so provokant formulieren, weil ich mit vielen Menschen gearbeitet habe, die an ihren bisherigen Denk- und Verhaltensmustern festgehalten haben und somit sich (unbewusst) entschieden haben, neue Ziele nicht zu erreichen und sich dann noch darüber gewundert haben, dass sich an ihrem Lebensgefühl nichts ändert.

Ich glaube nicht daran, dass das, was Sie lesen werden,
funktioniert, sondern ich weiß es!

Das ist ein großer Unterschied. Und ebenso sicher werde ich Sie nicht überzeugen wollen. Nehmen Sie mein Wissen als *Möglichkeit,* die Dinge in dieser Weise zu sehen, verbunden mit der Einladung, sich selbst Ihre Gedanken zu machen. Entscheiden Sie dann frei für sich selbst, was Sie zu Ihrem eigenen Wissen machen wollen. Nur dann hat es Wirkung für Sie!

Bevor ich jedoch damit beginne, über die Hintergründe und Mechanismen der Ängste zu schreiben, ist noch eine genauere Betrachtung der gegenwärtigen Situation notwendig. Dies hat nichts mit Selbstmitleid, Jammern oder einem „Baden im eigenen Leid“ zu tun. Ich kenne viele Menschen, die genau dies tun. Genau diese Menschen beklagen sich dann auch noch darüber, dass sie jammern müssen und dass es ihnen dabei nicht gut geht! Können Sie wirklich jammern und sich gleichzeitig wohl fühlen? Natürlich geht dies nicht.

Und hier muss ich eine unbequeme Frage stellen: Wenn es doch Ihr Ziel ist, in Ihrem Leben zufrieden zu sein, warum entscheiden Sie sich immer wieder für Reaktionen, bei denen Sie sich eben gerade nicht wohl fühlen können?

Wie oft entscheiden Sie sich für Reaktionen,
bei denen Sie sich nicht wohl fühlen können?

Die aufmerksame Betrachtung und der klare Blick auf die gegenwärtige Situation hat mit Fortsetzung der miesen Stimmung nichts zu tun. Um ein Problem lösen zu können, müssen Sie erst einmal das Problem und Ihren Standort genau kennen.

Stellen Sie sich vor, Sie haben sich auf einer langen Wanderung verirrt und wissen überhaupt nicht mehr weiter. Nun gibt jemand Ihnen eine Karte und einen

Kompass. Was können Sie damit anfangen? Sie können auf der Karte Ihr Ziel festlegen, die Himmelsrichtung bestimmen usw. Dies alles wird Ihnen aber nichts nützen, solange Sie auf dieser Karte nicht Ihren derzeitigen Standort bestimmt haben! Erst wenn Sie wissen, wo Sie momentan stehen, erst dann gelingt eine neue Orientierung, die Sie tatsächlich Ihrem Ziel näher bringt.

Eine Standortbestimmung ist die Voraussetzung dafür, das Ziel zu erkennen.

Gerade in schwierigen Zeiten – und angstbesetzte Situationen gehören fraglos dazu – ist es wichtig und notwendig, dass Sie sich immer wieder den Satz vergegenwärtigen, den ich bereits formuliert habe: Worauf ich meine Aufmerksamkeit richte, dorthin fließt meine Lebenskraft.

Wenn Sie Ängste haben, heißt dies nicht, dass Sie der schwierigen Situation, dem Problem bzw. dem vermuteten schlechten Ausgang und Ihren Befürchtungen die größte Aufmerksamkeit widmen?

Ängste geben dem Problem zusätzlich Energie.

In einer problematischen Situation liefern Sie ausgerechnet der Möglichkeit, die Sie als bedrohlich empfinden, noch zusätzliche Energie! Dass Sie dies nicht bewusst tun, ist natürlich klar. Aber es hat genau diese Wirkung! Auch andere Reaktionen in problematischen Situationen, wie das Hadern, der Ärger, das Bekämpfen usw., können genau diese Wirkung haben. Letztlich geben Sie damit ausgerechnet jener Situation, die Sie als zumindest unerfreulich, oft auch als bedrohlich ansehen, mehr Einfluss und Macht über Ihre eigene Befindlichkeit! Sie tun also etwas sehr Wirkungsvolles, dass sich Ihr Problem noch vergrößert. Das vermehrt natürlich wieder Ihre Ängste.

Sie kommen unweigerlich in einen Kreislauf hinein, der sich immer schneller drehen kann und an dessen Ende tatsächlich der Zusammenbruch der eigenen Kräfte steht.

Bereits am Beginn meiner psychosomatischen Fortbildung als junger Frauenarzt wurde ich mit dem Satz konfrontiert: *Es ist möglich, durch gezielte Aufmerksamkeit ein Symptom zu verstärken.* Diese „gezielte Aufmerksamkeit" hat natürlich verschiedene Ausdrucksformen. Ängste sind dabei die ausgeprägteste Form.

Als Beispiel für die Auswirkungen der Ängste schildere ich Ihnen Erfahrungen aus meiner 21-jährigen beruflichen Tätigkeit als Frauenarzt. Was hier an Mechanismen und Wirkungsmustern deutlich wird, können Sie ohne Mühe auf andere Situationen im Leben übertragen. Sie werden wahrscheinlich dann viele Ereignisse in Ihrem Leben, in denen Sie mit Ängsten zu tun hatten, besser verstehen. Das Beispiel der Schwangerschaft ist insofern sehr spannend, weil es als ein „Lebensverlauf in Miniaturform" betrachtet werden kann: Die Befruchtung als „Geburt", die Geburt als „Tod". Ich traue den Männern, die dieses Buch lesen, genug Einfühlungsvermögen zu, dies nachvollziehen zu können.

Während meiner Praxiszeit habe ich über 2000 schwangere Frauen bis zur Geburt betreut. Sie können sich vorstellen, dass dies eine ganz besondere Zeit mit einem der schönsten Erlebnisse ist: das Wachsen eines Kindes im eigenen Bauch und die Geburt des eigenen Kindes! Ebenso ist es aber auch eine Zeit vieler Fragen: Geht alles gut? Ist unser Kind gesund? Mache ich auch nichts falsch? Was darf ich noch tun? Wie wird die Geburt sein? Sind dies nicht auch ähnliche Fragen, die Sie sich oft in Ihrem Leben stellen?

Hier gibt es natürlich viele Möglichkeiten, Ängste und Sorgen zu erleben. Ich habe immer wieder erfahren, dass diese Ängste ständige Begleiter vieler Frauen waren, die sich dann zumindest sehr belastet fühlten und sich kaum noch über ihre Schwangerschaft freuen konnten. Oft hatten diese Ängste jedoch weitere und unerfreulichere Auswirkungen.

Ich habe die Erfahrung gemacht, dass es meist die Frauen mit großer Ängstlichkeit waren, die zu vorzeitigen Wehen, zu Frühgeburt und anderen Komplikationen neigten. Deutlich sehe ich sie noch vor mir: voller Ängste, angespannt, verkrampft, zitternd, verzweifelt, zaghaft, skeptisch usw. Ich habe sogar erlebt, dass sich eine Frau kaum noch bewegen mochte, weil sie Angst hatte, deswegen ihr Kind zu verlieren! Und sie klagte über krampfartige Schmerzen, die als vorzeitige Wehen empfunden wurden. Dies wiederum ließ die Angst noch größer, die Verkrampfung noch ausgeprägter werden.

Anfangs machte ich den Fehler, selbst eine besorgte Miene zu machen, die Betroffenen fast täglich zu kontrollieren und sie manchmal auch in die Klinik einzuweisen, wo sie dann intensiv mit wehenhemmenden Medikamenten und strikter Bettruhe behandelt wurden. Je intensiver die Maßnahmen waren, desto größer wurde die Angst – und umgekehrt! Ich kenne Frauen, die mir nach der Geburt eines gesunden Kindes wortwörtlich sagten: „Meine letzte Schwangerschaft war der reinste Horror!“ Und wo ist hier die Freude über diese schöne Zeit geblieben?

Sehr nachdenklich wurde ich allerdings, als ich erlebte, dass all diese Maßnahmen eine Frühgeburt oft nicht verhinderten! Es kam oft wirklich dazu mit all den z.T. dramatischen Folgen für das Kind. Letztlich geschah das, was man doch gerade verhindern wollte.

Hier wird ein fataler Mechanismus deutlich. Die Aufmerksamkeit wurde fast ausschließlich auf die Gefahr der Frühgeburt gerichtet und dadurch wurde (natürlich unfreiwillig!) dem Mechanismus einer Frühgeburt vermehrt Nahrung gegeben. Das Ergebnis war entsprechend.

Um keine Missverständnisse aufkommen zu lassen: Die Vermeidung einer Frühgeburt gehört zu den wichtigsten Zielen der Schwangeren-Betreuung! Und hier sind in den vergangenen Jahrzehnten eindrucksvolle Fortschritte erzielt worden. Dennoch aber ließe sich dieses Ergebnis noch deutlich verbessern. Wenn aber dies mit der bisherigen Handlungsstrategie noch nicht zufriedenstellend erreicht worden ist, sind Fragen notwendig.

Es ist mir letztlich gelungen, die Frühgeburtsrate der von mir betreuten Frauen zu halbieren. Und dies gelang ohne besorgte Miene, auch meist ohne ständige Kontrollen, ohne Einweisung in die Klinik und ohne wehenhemmende Medikamente. Und die Freude über das kommende Kind war (wieder) deutlich zu spüren. Wie war das möglich?

Ausgehend von der Tatsache, dass es sich hier ja um einen völlig natürlichen Vorgang handelt, richtete ich meine Aufmerksamkeit auf das Vertrauen darin, dass die Schwangerschaft einen guten Ausgang haben wird. Dieses Vertrauen wirkte „ansteckend“ und so fanden die Frauen auch mehr und mehr zu ihrem Vertrauen in ihren Körper, in einen guten Verlauf der Schwangerschaft und Geburt und dass alles letztlich gut ausgehen wird. So manches Mal konnte ich regelrecht erleben, wie die innere Anspannung nachließ, die krampfartigen Schmerzen nachließen und sich ein inneres Wohlgefühl einstellte. Die Folgen waren entsprechend: Die Häufigkeit von Frühgeburten verringerte sich. Natürlich gab es auch eine Vielzahl von persönlichen Konflikten als Ursache dieser

Probleme. Aber auch hier konnte ein Vertrauen in die Lösung gefunden werden. Wenn Sie Ihre Lebenskraft und innere Energie auf jenen Mechanismus lenken, der zur Lösung führt, dann wird eben diese Lösung wahrscheinlicher werden.

Aber die Ängste hatten noch weitere Folgen: In ihrer Angst vor Problemen während der Schwangerschaft und Geburt wurden vielfältige Aktivitäten begonnen, die einen möglichst glatten Verlauf gewährleisten sollten. Ich betreute Frauen, die während dieser Zeit z.B. vielfältige naturheilkundliche Medikamente einnahmen, die eben diese Wirkung haben sollten, und ängstlich darauf bedacht waren, ausschließlich „gesunde“ Nahrung zu sich zu nehmen. Mir fiel jedoch auf, dass häufig ausgerechnet diese Frauen immer größer werdende innere Anspannungen und Ängste spürten, aber auch in der Tat körperliche Probleme bekamen. Von einem entspannten und freudigen Erleben der Schwangerschaft konnte dann oft keine Rede mehr sein, vielmehr zeigten sich viele regelrecht „verbiestert“ und besorgt. Was war hier geschehen?

Es hatte sich der Satz geprägt: „Nur wenn ich diese naturheilkundlichen Mittel einnehme, habe ich einen guten Schwangerschaftsverlauf.“ Solche „Nur wenn“-Sätze haben jedoch eine ganz fatale Wirkung, die im Allgemeinen übersehen wird. Es existiert dazu nämlich ein „spiegelbildlicher“ Satz, wie ein Negativ zu einem Foto. Dieser Satz heißt: „Wenn ich diese Medikamente *nicht* nehme, habe ich einen *unguten* Schwangerschaftsverlauf.“ Und dieser Satz tut seine Wirkung! Dies wird deutlich, wenn ich diesen Satz etwas umformuliere: „Wenn ich meinen Körper sich selbst überlasse, habe ich einen unguten Verlauf“. Wie viel Misstrauen in den eigenen Körper, in die Funktionen der Natur druckt sich hier aus! Die Wirkung dieser spiegelbildlichen Sätze bei den „Nur wenn"-Formulierungen ist aus der Verhaltenstherapie weltweit bestens bekannt, besonders eben bei der Therapie von Angststörungen. Ich werde im Kapitel „Der zweite Teufelskreis der Angst" ausführlicher darauf eingehen.

Sie sehen also zwei wichtige negative Wirkungen der Ängste. Durch die gezielte Aufmerksamkeit auf den Problemmechanismus und durch den gravierenden Vertrauensverlust in den Lösungsmechanismus wird letztlich die Situation nicht besser, sondern meist schlechter.

Folgen der Ängste:
Energiezufuhr für das Problem
Energieentzug für die Lösung

Sie haben also bei Ihren Ängsten im Leben, ohne dass Sie dies natürlich bewusst gemacht haben, Ihre eigene Lage verschlimmert und das Problem vergrößert. Entsprechend haben Sie selbst dazu beigetragen, dass sich Ihre Ängste, Ihre Sorgen etc. vergrößern und noch mehr Einfluss auf Sie bekommen. Ob all dies eine konstruktive Möglichkeit bedeutet, mit problematischen Situationen umzugehen, darf doch mit Recht bezweifelt werden.

Ihre Einwände und Proteste kann ich mir vorstellen. Eine Frau formulierte einmal heftig anklagend: „Jetzt habe ich so viele Ängste, und nun soll ich noch selbst schuld daran sein, dass alles noch schlimmer wird!!??" Ich kann diese Frage gut verstehen, ebenso auch die Weigerung, diese Zusammenhänge zu akzeptieren. Es wird geradezu als Zumutung empfunden und die Empörung ist groß.

Es geht mir hier aber nicht um Schuldzuweisungen, sondern um den besagten „klaren Blick" auf die gegenwärtige Situation und die Mechanismen hinter dieser

Situation. Nur wenn Sie beginnen, Zusammenhänge zu begreifen, erst dann können Sie auch die ersten Ansätze der Lösung erkennen! Aus diesem Grund mute ich Ihnen immer wieder ungewohnte Fragen zu. Also: Wenn Sie nun „schuld“ (besser: beteiligt) daran waren, dass alles noch schlimmer wird, dann können Sie auch ebenso „schuld“ bzw. beteiligt daran sein, dass alles besser wird! Sie selbst haben diese Entscheidung! Das kann bereits der Beginn ganz anderer, konstruktiverer Gefühle sein!

Erkennen Sie eigene Anteile am Problem,
kennen Sie bereits eigene Anteile der Lösung.

Ich denke, Ihnen ist die Fragwürdigkeit Ihrer bisherigen Strategie und die Notwendigkeit zu Veränderungen deutlich geworden. Es wird Sie letztlich motivieren, alternative und sinnvollere Denk- und Handlungsmuster zu finden, um damit Ihrem eigenen Lebensziel näher zu kommen, wie immer dieses Ziel konkret aussehen mag. Ich formuliere als Ziel meist schlicht: sich im Leben wohl fühlen, mehr Lebensfreude erlangen und zu einer guten Lösung kommen.

Genau dieses Ziel hatten auch die schwangeren Frauen, die ich betreute. Meine Strategie war:

- Die Situation mit großer Aufmerksamkeit und Achtsamkeit betrachten, ohne Ängste und Sorgen zu vermehren.
- Dem weiteren Verlauf mit Vertrauen und Zuversicht begegnen, ohne Leichtsinn und Unachtsamkeit zuzulassen.

Während der Schwangerschaft führte dies zu einem deutlichen Rückgang der Komplikationen und einem deutlichen Zuwachs der Freude an der Schwangerschaft. Und wenn tatsächlich wegen eines Problems Handlungsbedarf bestand, dann wurde gehandelt, ganz klar. Aber dies mit einer anderen inneren Haltung: besonnen, gelassen, vertrauensvoll und daher effektiv.

Was für die Schwangerschaft in überschaubarer zeitlicher Dimension gilt, hat natürlich auch für das ganze Leben mit größeren zeitlichen Dimensionen Gültigkeit, denn „Gesetze des Lebens" haben eine Allgemeingültigkeit, d.h. sie wirken in allen Bereichen („Wie im Kleinen, so im Großen"). Newton hat das Schwerkraftgesetz durch Beobachten des Fallens eines Apfels vom Baum entdeckt und berechnet. Dieses Gesetz gilt nun in allen Bereichen unseres Lebens, zwischen Apfel und Boden ebenso wie zwischen Sonne und Planeten.

Es ist nun eine spannende Angelegenheit, die Wirkung dieses Verstärkungsprinzips im alltäglichen Leben wiederzufinden. Ich habe oft erfahren, dass meine eigenen Ängste letztlich die Lage nicht verbessert und die Lösung verzögert haben.

Den bekannten Satz „Mein Ärger ruft Situationen herbei, über die ich mich erneut ärgern kann" habe ich umformuliert:

Ängste können Situationen begünstigen,
in denen weitere Ängste auftreten können.

Ich rege Sie an, Ihr Leben und Ihre Umgebung aufmerksam zu betrachten, um weitere Beispiele für dieses Prinzip zu finden. Ohne auf die oft vielfältigen und komplexen Hintergründe einzugehen, denke ich dennoch an folgende und ähnliche Fragen:

- Hat die Angst vor Arbeitslosigkeit diese verhindert?
- Hat die Angst vor Geldmangel das Geld vermehrt?

- Hat die Angst vor Krankheiten zur Gesundheit geführt?
- Hat die Angst vor Kriminalität diese verringert?
- Hat die Angst vor Kriegen diese verhindert?
- Hat die Angst vor Misserfolg den Erfolg gebracht?

Um keine Missverständnisse entstehen zu lassen: Es handelt sich hier natürlich um Situationen, die wir alle als höchst unerfreulich bzw. leidvoll ansehen. Aber gerade *weil* es so unerfreulich und leidvoll ist und *weil* es noch so viele ungelöste Probleme und Aufgaben gibt, ist doch die nahe liegende Frage wichtig: Wie können sie am sinnvollsten und effektivsten gelöst werden? Wie hat die bisherige Strategie gewirkt? Haben Ihre Ängste das verhindert, wovor Sie Angst hatten?

Die Antwort ist für mich klar: Die vielen Ängste verhindern nicht das, wovor man Angst hat. Da aber diese Verhinderung das eigentliche Ziel ist, darum sind neue Fragen und natürlich ehrliche Antworten so wichtig. Sie tragen dazu bei, die bisherigen Denk- und Handlungsmuster in Frage zu stellen. Nur so kommen wir unseren eigenen Zielen näher.

Der Umgang mit Nachrichten

Es ist mir nicht möglich, ein Buch über Zukunftsängste zu schreiben, ohne dabei einen gesonderten Blick darauf zu werfen, womit wir tagtäglich konfrontiert werden.

Es wird gesagt, dass wir uns zu einer „Informationsgesellschaft" entwickeln. In der Tat scheint der Stellenwert der Informationen und der Nachrichten immer größer zu werden. Es sind z.B. in den letzten Jahren neue Fernsehprogramme hinzugekommen, die ausschließlich Nachrichten senden, 24 Stunden am Tag. Auch im Radiobereich kann ich Ähnliches beobachten. Es wird von einem „Recht auf Informationen" gesprochen. Aber ebenso gehören hierher viele andere Informationsquellen, u.a. das „Gerede" der Leute, die Gerüchte, die alltäglichen Nachbarschafts- und Kollegen-„Nachrichten" etc.

Nur: Was sind dies für Informationen, die uns tagtäglich erreichen? Achten Sie einmal auf den Anteil der negativen Nachrichten, in denen es um Gewalt, Unfälle, Kriminalität, Krieg, Missstände jeglicher Art geht. Die Nachrichtensendung, die Zeitungen usw. sind voll von solchen und ähnlichen Meldungen. Natürlich geschehen all diese Dinge und es hat überhaupt keinen Wert, dies zu ignorieren.

Das große Problem sehe ich in der *Einseitigkeit* der Nachrichten. So wird unsere Aufmerksamkeit auf all die negativen Dinge gerichtet, sodass die Möglichkeit sehr groß ist, zu der Überzeugung zu kommen, die Welt bestünde in der Tat überwiegend aus Schrecken und Gewalt. Oft bleibt die Frage: Was fangen wir nun mit diesen Nachrichten an? Was können wir selbst in diesem Moment tun? Wie können wir zur Lösung kommen?

Gerade die letztere Frage zeigt einen sehr bedenklichen Aspekt. Es wird bei all den negativen Nachrichten meist nicht auf die Fragen eingegangen wie: Wie kann eine konstruktive Lösung aussehen? Wie kann eine Wiederholung sinnvoll verhindert werden? Wie effektiv waren die bisherigen Bemühungen? Gibt es bessere Strategien? Es scheint fast so, als würden sich nur wenige dafür interessieren, ebenso wenig für korrekte und vollständige Hintergrundinformationen.

Ich kenne den Fall, in dem ein bekannter Facharzt durch Zitate aus seiner Rede, die aus dem Zusammenhang gerissen wurden, in die Schlagzeilen der Presse gekommen war. Als nun ein Fernsehteam ihn aufsuchte, um für ein Nachrichtenmagazin nähere Informationen zu erhalten, schilderte er ihnen den wahren Sachverhalt, der deutlich machte, dass er u.a. falsch zitiert worden war. Noch während er sprach, wurden Mikrofon und Kamera abgestellt und ihm freundlich erklärt: Das sei alles schön und gut, aber das sei keine interessante „Story" für sie, das könnten sie nicht senden. Eine Ungeheuerlichkeit! An einer objektiven und korrekten Berichterstattung über Hintergründe einer Schlagzeile war das Magazin nicht interessiert!

Ich denke an die unzähligen Meldungen und Berichte über die Arbeitslosigkeit und die damit verbundenen Folgen. Arbeitslosigkeit ist in der Tat eine Realität. Ebenso aber ist eine Realität, dass es viele Beispiele dafür gibt, dass mit einer geeigneten Strategie zur Schaffung von Arbeitsplätzen beigetragen wurde.

Ein anderes Ereignis ist mir auch haften geblieben: Ich fuhr auf einer längeren Reise mit dem Auto und genoss ein schönes Musikprogramm im Radio. Plötzlich wurde das Programm „aus aktuellem Anlass" unterbrochen und von einer Geiselnahme in einer Bank irgendwo in Deutschland berichtet. Nach der ersten Schilderung der Vorgänge wurde mit der Bemerkung „Wir unterbrechen das Programm selbstverständlich sofort und informieren Sie, sobald sich wieder etwas tut" das Musikprogramm fortgesetzt. Der Musikgenuss war gestört und ich saß mit dieser Nachricht da und fragte mich etwas fassungslos:

„Was soll ich nun damit?" Es ist mir auch nach längerem Nachdenken nicht erkenntlich gewesen, aus welchem Grunde ich nun von diesem Ereignis erfahren *musste,* und dies auch noch *sofort.* Den Nutzen habe ich als „null" empfunden, zumal solche Ereignisse nun seit Jahrtausenden immer wieder stattfinden. Es gab aber auch im gesamten weiteren Programmverlauf keinen einzigen Satz, der sich mit Hintergründen oder Vorbeugung solcher Ereignisse beschäftigte. So wurde die Aufmerksamkeit *ausschließlich* auf die gewalttätige Handlung gerichtet.

So frage ich mich, ob die unterschiedlichen negativen Nachrichten überhaupt notwendig sind. Morde und Raub gehören seit Menschengedenken zur Realität. Welchen Sinn macht es überhaupt, dies immer wieder ausführlich (und zwar meist ohne Hintergrundinformationen!) zu schildern?

Sie werden sicherlich ohne Mühe erkennen, dass Sie ähnliche Dinge ständig in den Medien erleben, sei es in Zeitungen (z.B. Boulevardblätter!), im Radio oder im Fernsehen. Ständig soll unsere Aufmerksamkeit ausschließlich auf die problematischen Situationen, auf Missstände, auf Gewalt etc. gelenkt werden. Können Sie sich dieser Aufmerksamkeitslenkung immer entziehen?

Ich erlebe oft das Gegenteil. Viele Menschen scheinen inzwischen „gierig" nach Katastrophen zu sein! Schaulustige an Unfallplätzen, ausverkaufte Zeitungen und höchste Sehbeteiligung im Fernsehen bei Katastrophen und ähnlichen Ereignissen machen dies deutlich. Kürzlich erlebte ich, dass angesichts eines schweren Busunglücks mit vielen Toten eine bebilderte Chronologie ähnlicher Unfälle gezeigt wurde! Wie grotesk! Es schien mir so, als reichten diese schrecklichen Bilder nicht aus, es mussten noch weitere Bilder aus dem Archiv hervorgeholt werden.

Welch ein Widerspruch! Viele Menschen haben heute Ängste in dieser Welt und vor dem, was auf dieser Welt geschieht. Und dennoch nehmen sie *jede* Negativmeldung begierig und genussvoll (ja, ich kann es nicht anders formulieren) auf, können gar nicht genug davon bekommen – und beklagen sich dann noch darüber, dass sie

Ängste haben und sich nicht wohl fühlen in dieser „schlechten" Welt. Und da die Nachrichten überwiegend aus Gewalt- und Problemmeldungen bestehen, scheinen sie diesen Ängsten nicht entrinnen zu können.

Trotz Ängsten in der Welt werden negative Nachrichten begierig aufgenommen.

Wir kommen aber an folgendem Satz nicht vorbei: Worauf Sie Ihre Aufmerksamkeit richten, dorthin fließt Ihre Lebenskraft. Erkennen Sie das Problem?

Unsere eigene Lebenskraft und Energie, die wir immer wieder einsetzen wollen, um unseren Zielen näher zu kommen, um die Probleme in unserem persönlichen Umfeld oder auch in unserer Umgebung zu lösen, fließt in Richtung all dieser negativen Ereignisse! Welche Wirkung können nun all diese Ereignisse haben, wenn ihnen so viel Aufmerksamkeit und Energie gegeben wird?

Es ist der Ausdruck eines „problemorientierten" Vorgehens, das dem Problemmechanismus zusätzlich „Dünger" gibt. Es ist die Frage, ob sich damit effektiv Probleme lösen lassen.

Es geht natürlich nicht darum, die problematischen Ereignisse zu ignorieren. Sie zu kennen ist wichtig. Aber es fehlt derzeit an der Lenkung der Aufmerksamkeit auf die möglichen Lösungen, genauso wie auf die erfreulichen Realitäten!

Ich kenne zwar Schlagzeilen wie: „Blutiges Wochenende auf den Straßen: fünf Tote und neun Schwerverletzte!" Ich habe noch nie eine Schlagzeile gelesen: „Wunderbar! Wieder sind an diesem Wochenende zigtausende Urlauber auf ihrer Rückreise heil zu Hause angekommen!"

Ich habe als Reaktion auf dieses Beispiel mal gehört: „Das ist doch keine Story und keine Schlagzeile! So was kann man doch nicht bringen. Das würde doch keinen interessieren!" So sehr ich weiß, dass der letzte Satz leider zutrifft, so stehe ich immer noch staunend vor dieser Tatsache. Warum zeigen die Menschen solch ein Desinteresse an Lösungen oder an „guten" Nachrichten? Ich muss zugeben, dass auch ich der Versuchung nicht immer ganz widerstehen kann. Darum stelle ich mir selbst auch immer wieder deutliche und kritische Fragen.

Warum üben Probleme bzw. schlechte Nachrichten eine derartige Faszination aus? Wird es möglich sein, diese Faszination, also unsere höchste Aufmerksamkeit, nicht mehr auf den Problemmechanismus, sondern auf den Lösungsmechanismus zu richten?

Wird es möglich sein,
dass insbesondere Lösungsmöglichkeiten
eine unwiderstehliche Faszination ausüben?

Die Frage ist immer: Was soll mit unserer Aufmerksamkeit gefördert werden? Wir alle haben die Entscheidung. Selbst wenn über der Lösung noch Nebel zu liegen scheint, so kann unsere beständige „lösungsorientierte" Ausrichtung diesen Nebel allmählich lichten, so wie es die Sonne tatsächlich tut.

Ich denke, es ist nun deutlich geworden, wie notwendig es ist, zu einem anderen Umgang mit den Realitäten in unserem Leben und in unserer Welt zu kommen.

Gegenwärtige Realität

Ohne Lagebestimmung keine Veränderung

- Die „Fortschritte“ mit dem Ziel eines besseren Lebens scheinen das Gegenteil bewirkt zu haben: eine Welt zum Fürchten?
- Umfrageergebnisse: 85 % der Menschen haben Angst vor der Zukunft, lediglich 15 % gaben an, sich vor der Zukunft nicht zu fürchten!
- Nicht die Dinge selbst beunruhigen die Menschen, sondern ihre Urteile und Meinungen über diese Dinge.
- Worauf Sie Ihre Aufmerksamkeit richten, dorthin fließt Ihre Lebenskraft.
- Ängste geben den Situationen, die als Ursache dieser Ängste angesehen werden, zusätzliche Energie und Einfluss.
- Ängste können Situationen herbeiführen, vor denen man sich erneut fürchten kann.
- Ängste können blockieren und eine Lösung behindern.
- Erkennen Sie eigene Anteile am Problem, kennen Sie bereits eigene Anteile der Lösung.
- Das Leben sinnvoll gestalten: mit großer Aufmerksamkeit und Achtsamkeit, ohne Ängste und Sorgen. Mit Vertrauen und Zuversicht, ohne Leichtsinn und Unachtsamkeit.
- Nachrichten lenken die Aufmerksamkeit überwiegend auf negative Ereignisse – oft ohne Hintergründe zu erläutern.
- Trotz vieler Ängste werden negative Nachrichten begierig aufgenommen und wird sich über neue Ängste beklagt.
- Können künftig auch Lösungen eine Faszination ausüben?

Hintergründe der Realität

Wer die Ursachen versteht, kann die Wirkung beeinflussen

Nach dem Blick auf die gegenwärtigen Ängste werde ich in diesem Kapitel einen großen Bogen schlagen. Zunächst ist es hilfreich, einige Elementarprinzipien des Lebens zu beleuchten. Dafür reicht an dieser Stelle die Darstellung der wichtigsten Grundsätze aus, ich habe sie ausführlicher in meinem Buch *Wie's weitergeht, wenn nichts mehr geht* beschrieben. Sie sind für das Verständnis der Angst von großer Bedeutung. Dann folgen Betrachtungen über konkretere Themen: Gewalt in der Welt, Sorgen und natürlich der große Bereich der Angst. Wer in diesen Bereichen das Prinzip von Ursache und Wirkung berücksichtigt, ist der Möglichkeit zur Lösung einen großen Schritt näher gekommen.

Allgemeine Lebensprinzipien

Polarität des Lebens

Alles auf unserer Welt besteht in Gegensätzen, und zwar in *allen* Bereichen. So gibt es kalt und heiß, hell und dunkel, rechts und links, aber auch klug und dumm, Trauer und Freude, Angst und Vertrauen: Die Liste ist endlos. Selbst unsere Welt der Gegensätzlichkeit hat einen Gegenpol: die Welt der Einheit (= Gott).

Diese Gegenpole sind voneinander abhängig: Nur wenn es „heiß" gibt, kann es „kalt" geben und umgekehrt. Nur wenn es „Freude" gibt, kann es „Trauer" geben. Gegensätze schließen sich aber aus. Sie können nicht gleichzeitig nach links und nach rechts gehen. Was *gleichzeitig* unmöglich ist, ist aber *nacheinander* sehr wohl möglich! So besteht unser Leben aus einem Wechsel zwischen verschiedenen Gegenpolen, einer Schwingung, einem Rhythmus.

Wie beim Ein- und Ausatmen deutlich wird, sind beide Pole notwendig. Sie können nicht nur einatmen oder auch nicht nur ausatmen. Dann wäre ein Leben nicht mehr möglich.

Die Bedeutung dieser Schwingung wird auch am Beispiel des elektrischen Stroms ersichtlich. Nur wenn *beide* Pole geschaltet sind, kann sich zwischen diesen beiden Polen eine Energie entwickeln. Schalten Sie einen Pol ab, dann gibt es auch keinen elektrischen Strom, also keine Energie mehr.

Leben besteht aus der Schwingung zwischen gegensätzlichen Polen.

Gegensätzliche Pole sind in unserem Leben von elementarer Wichtigkeit, weil sich zwischen diesen Polen unsere Lebensenergie entwickeln kann. Sie können hier bereits erkennen, wie problematisch ein Widerstand gegen einen bestimmten Pol sein kann.

Schicksal

Dieser Begriff ist für viele Menschen in leidvoll erfahrenen Situationen fast ein Reizwort geworden. Das Schicksal wird für viele Probleme und damit verbundene unangenehme Gefühle verantwortlich gemacht. Viele fühlen sich gar als das Opfer ihres Schicksals, dem sie nicht entrinnen können. Und so entstehen bei vielen

Menschen zunehmend Ängste vor ihrem Schicksal, das ihnen ja zudem noch unbekannt ist. Da aber Unbekanntes bereits Anlass für Ängste sein kann, gibt es viele Bemühungen, das eigene Schicksal zu erfahren: Horoskope, Kartenlegen etc.

Ich betrachte mein Schicksal als eine „Aufstellung der Lebensaufgaben" (sog. „Lebensbuch"), die ich in meinem Leben zu erledigen habe. Dies kann auch als „Vorbestimmung" bezeichnet werden. Nach dem Prinzip der Polarität gibt es hierzu aber auch den Gegenpol. Ich habe nun die Freiheit, selbst zu bestimmen, ob ich mich diesen Aufgaben stelle oder auch nicht.

Nur wenn ich mich meinen Aufgaben stelle, kann ich meinem Ziel näher kommen (Prinzip der Grimm'schen Märchen). Das Schicksal ist also mein Partner, der mich immer wieder an meine Lebensaufgaben erinnert. Ob ich dies in meinem Streben nach einem bequemen und schönen Leben immer erfreulich finde, ist eine andere Frage.

Schicksal ist die Aufstellung der Lebensaufgaben.

Aber das Wissen, dass das Schicksal mir letztlich die Erfüllung meines Lebenszieles möglich macht, führt dazu, mich vor dieser Instanz nicht mehr zu fürchten, sie gar als Bedrohung zu erleben, und keine Angst mehr davor zu haben.

Probleme und Leid

Wenn wir also davon ausgehen, dass wir in unserem Leben gewisse Aufgaben zu erfüllen haben, um dann unserem Ziel näher zu kommen, dann wird deutlich: Wir haben hier etwas zu lernen. Nun gibt es wieder zwei

Arten (Polarität!) des Lernens: die *freiwillige* und die *unfreiwillige* Art des Lernens.

Entsprechend unserer eigenen Bequemlichkeitshaltung und dem Anspruch (woher kommt er eigentlich?), hier ein schönes Leben haben zu wollen, vermeiden wir oft das freiwillige und bewusste Lernen.

Wir wählen immer wieder die unfreiwillige Methode, auch wenn dies nicht bewusst geschieht. Wir übersehen dabei aber, dass unfreiwilliges Lernen immer ein „Lernen durch Leid" ist.

Unsere eigenen Probleme und leidvollen Erfahrungen setzen uns wieder und wieder unter Druck. Wir können uns über diesen Druck beklagen und darüber jammern, oder wir können diesen Druck benutzen, um uns doch einmal in Bewegung zu setzen.

Probleme und Leid sind wie Durst.
Erst der Durst führt zum Wasser.

Sie können Probleme auch mit Gewichten vergleichen, mit denen ein Sportler trainiert, um mehr Muskeln zu bekommen. Ohne Belastungstraining kann man keine größere Kraft erhalten. Sich den Problemen zu stellen führt somit letztlich zur Erkenntnis und zu einer Verbesserung der (Über-)Lebensfähigkeit.

So verursachen auch unsere Ängste immer wieder leidvolle Erfahrungen. Welche Erkenntnis gibt es hier zu lernen? Das sind wichtige Fragen, deren Beantwortung ich in den folgenden Kapiteln beginnen will.

Ich kann und werde an dieser Stelle nicht das ganze Leid der Menschen in dieser Welt beschreiben und erklären. Sehr oft stehe ich mit größter Betroffenheit davor. Welche Aufgaben, aber auch Erkenntnismöglichkeiten sich dahinter für die Beteiligten verbergen können, vermag ich oft nicht zu sagen. Dennoch ist es meine persönliche Überzeugung: Es gibt keine unsinnigen Ereignisse in der Welt, wohl aber gibt es viele Ereignisse, die ich (noch) nicht verstehe. Ich kann nicht all das, was ich nicht verstehe, als „unsinnig“ ansehen. Welch menschliche Überheblichkeit steht hinter dem Anspruch, alles verstehen zu wollen und das Nicht-Verstandene als sinnlos zu bezeichnen! Wohin kann uns diese Überheblichkeit bringen? Trägt dies nicht dazu bei, eine Welt zu schaffen, in der das Leid immer weiter wächst, vor der Sie sich fürchten und in der Ängste immer größer werden?

Resonanz

Es gibt ein Lebensprinzip zu entdecken, das uns erstaunliche Möglichkeiten eröffnet, Ereignisse in unserem Umfeld, auch das Verhalten anderer Menschen uns gegenüber, allmählich besser zu begreifen. Darüber hinaus aber werden erstaunliche und wunderbare Möglichkeiten deutlich, die Gestaltung des eigenen Lebens, aber auch der Welt, wirksam zu bestimmen!

Gleiches zieht Gleiches an
und wird durch Gleiches ergänzt.

Dies bedeutet: Was wir aussenden, kommt in gleicher Art zu uns zurück. Das ließe sich auch als Echo oder Spiegel bezeichnen. An folgendem Beispiel wird es deutlich: Wenn Sie eine Stimmgabel zum Schwingen bringen, hören Sie nur einen leisen, fast unhörbaren Ton. Stellen Sie die Stimmgabel aber auf einen Holzkasten, ist der Ton klar zu hören: Resonanz! Der Holzkasten verstärkt die Schwingung, jedoch nur in derselben Frequenz, wie sie von der Stimmgabel ausgesandt wird.

Für uns heißt dies: Wir sind die Stimmgabel, unser Leben der Resonanzkörper. Somit sind also die Ereignisse in unserem Leben, der hörbare „Lebenston", die Folge jener „inneren Stimmgabel", die wir verwenden. „Wie man in den Wald hineinruft, so schallt es heraus", sagt der Volksmund zutreffend.

Ich überlasse es Ihren eigenen Überlegungen, die Ereignisse in Ihrem Leben und das Verhalten anderer Menschen Ihnen gegenüber vor dem Hintergrund dieses Resonanzprinzips näher zu betrachten. Möglich, dass Ihnen manches „wie Schuppen von den Augen fällt". Für alle von uns, die wir unseren Anteil an der konstruktiven Gestaltung unserer Welt übernehmen wollen, ist die Beachtung dieser Resonanz von elementarer Wichtigkeit.

Haben Sie schon einmal erlebt, dass einem das eigene Spiegelbild nicht gefällt? Manche möchten sogar am liebsten den Spiegel zertrümmern, der ihnen ein mieses Gesicht zeigt! Ist damit aber etwas gewonnen? Ist das Klagen über die „Welt von heute" nicht wie das Zerschlagenwollen unseres Spiegels?

Wenn Sie sich über ein Baby im Kinderwagen beugen und darauf warten, dass es lächelt, was machen Sie? Natürlich: Sie lächeln es an. Dann lächelt das Kind zurück. Und wenn Sie das Leben mit Ängsten und voller Misstrauen anschauen, wie kann dann die Resonanz sein?

Hintergründe von Gewalt

Sie werden nachvollziehen können, dass ich vor diesem Abschnitt des Buches großen Respekt habe. Ich betrachte es als vermessen, den Anspruch zu erheben, hier in kurzer Form die Hintergründe der vielfältigen Probleme in unserer Welt erklären zu können. Jedoch kann ich mich vor diesem Thema nicht drücken und so werde ich Ihnen aus meiner persönlichen Sicht einige Fragen und Anregungen darlegen.

Die Liste der Dinge, mit denen wir hier zu tun haben, ist lang: Es geht um Gewalt und Aggressionen, Krieg und Terror, Hunger und Leid, Kriminalität und Bedrohung, Umweltschäden und Nahrungsverunreinigungen, Hass und Lieblosigkeit und, und, und ...

Spontan fällt mir folgender Satz ein: „Wer Wind sät, wird Sturm ernten." Sie haben gerade von der Resonanz gelesen. Und so kann ich nichts anderes tun, als all die beschriebenen Ereignisse vor diesem Hintergrund der „Resonanz" zu betrachten. Gesetzmäßigkeiten gelten ja in allen Dimensionen. Wie im Kleinen, so im Großen und umgekehrt.

Ich scheue mich nicht, gleich zu Beginn einen Satz anzusprechen, mit dem der wohl derzeit meistgesuchte Terrorist, Osama Bin Laden, zitiert wurde. Sinngemäß hieß es: „Wenn ihr eure Frauen und Kinder beweint, dann denkt an all das Leid, das uns zugefügt wurde. "

Mich hat sehr erstaunt, dass auf diese Aussage, die ich in der Zeitung gelesen hatte, keine für mich erkennbare Reaktion eintrat. Kann dieser Satz nicht *ein* Hinweis sein auf die Hintergründe von Terror und Gewalt? Stellen wir uns doch mal vor (sofern dies überhaupt möglich ist!), wie solch ein Mensch, der z.B. einen Terrorakt verübt, sich in seinem Inneren fühlen kann. Wird er zufrieden und glücklich sein? Wird er sich an seinem Leben freuen? Nimmt er die Schönheiten in seiner Umgebung wahr?

Die Antwort wird wohl eindeutig sein: nein! Kann ein Mensch, der zufrieden sich seines Lebens freut, solch einen Gewaltakt durchführen? Auch hier: natürlich nicht!
Also stellt sich doch die Frage angesichts eines gewaltbereiten Menschen: Wo ist seine Freude geblieben? Wo ist

seine Zufriedenheit? Warum kann er das Schöne nicht mehr wahrnehmen? Stellen Sie sich weiter vor: Wie war dieser terrorbereite Mensch bei seiner Geburt? Wird er sich von anderen Babys unterschieden haben? Hatte er bereits als Baby seine „Unschuld“ verloren?

In dem Spannungsfeld dieser beiden Pole entstehen die nächsten Fragen: Wann hat dieser Wechsel begonnen? Was waren die Auslöser dieser Veränderungen? Hat sich dieser Mensch deshalb so verändert, weil er sich dann etwa wohler gefühlt hat? Wie heißt die große Not dieses Menschen, dass er jene inneren Veränderungen vollzog und Hass und Aggression in ihm entstanden – und er sich somit von seinem (von mir vermuteten) Lebensziel der eigenen Lebensfreude *noch* weiter entfernte? Wie kann es in einem Menschen aussehen, der Hass und Aggressionen als das kleinere Übel ansieht? Kleiner als *was*? Kann sich ein Mensch ohne Anlass so verändern?

Wodurch kann die kleinkindliche Lebensfreude in solch einem Ausmaß verloren werden wie bei einem gewaltbereiten Menschen?

Ich kann die Not jener Menschen nur vage ahnen, die keinen anderen Ausweg als die Anwendung von Gewalt sehen. Ja, ich spreche bewusst von der Not dieser Menschen. Damit ist natürlich *keine Rechtfertigung* dieser Taten verbunden! Selbst wenn eine aggressive Handlung eine Erklärung in der Vergangenheit findet, so entbindet dies nicht von der Verantwortung dieses Menschen für seine heutige Handlung! Dem kann er sich nicht entziehen und sich herausreden. Ich lehne diese Taten *entschieden* ab. Genauso sehe ich die Not der Menschen, die das Opfer dieser Taten sind.

Welche konkreten leidvollen Erfahrungen diese gewaltbereiten Menschen gemacht haben, vermag ich nicht zu sagen. Aber sicherlich spielen eigene Misshandlungserfahrungen, Hunger, Unterdrückung, Unfreiheit, Gewalt gegen die eigene Familie etc. in allen Variationen eine entscheidende Rolle. Wohlgemerkt: Dies ist eine Erklärung, keine Rechtfertigung!

All diese negativen Erfahrungen geschehen jedoch nicht im „luftleeren" Raum. Es sind andere Menschen daran beteiligt, *immer!* Aber welche Menschen sind dies? Die Frage ist: Kann es sein, dass in vielen Fällen wir selbst, als Einzelperson oder besonders als Gruppe, Volksgruppe bzw. Staat, beteiligt sein können an den leidvollen Erfahrungen dieser Menschen?

Schauen Sie sich aufmerksam um in der Welt: Da ist der kriminelle Jugendliche, der aus „gutbürgerlichem" Haus kommt, an den Erwachsenen verzweifelt und allmählich drogenabhängig wird. Da sind die Einwohner eines Staates der „Dritten Welt", die mit den Folgen der westlichen Kolonisation bzw. Unterdrückung nicht zurechtkommen. Da sind die Wirtschaftsmächte, die wegen der Bodenschätze die Einwohner unterdrücken und ausbeuten. Da wird Gewalt mit Gegengewalt beantwortet (z.B. Naher Osten, Balkan).

Wir ernten das, was wir aussäen. Jeder Gärtner weiß das.

Nur: Was ist es, was Menschen immer wieder aussäen? Wie heißen die „Stimmgabeln", die immer wieder benutzt werden? Welche innere Haltung, welche Energie wird immer wieder ausgesendet?

Ich bin fassungslos darüber, dass oft die Lösung darin gesucht wird, den Spiegel zu zertrümmern, der uns wieder und wieder ein mieses Gesicht zeigt. Wenn wir den Mut haben, das Verhalten anderer Menschen, auch der gewaltbereiten Menschen, als Spiegel zu betrachten, als mögliche Reaktion unseres eigenen Verhaltens, dann – und erst dann! – werden wir einer Lösung dieser Probleme auf der Welt näher kommen. Ich habe kaum jemals erlebt, dass folgende Frage gestellt wird:

Wie kann man es einem gewaltbereiten Menschen ermöglichen, auf Hass und Aggressionen zu verzichten?

Auch in dem kleineren Maßstab unseres persönlichen Lebens gelten diese Zusammenhänge und Fragen. Wie kann es in einem Fabrikbesitzer aussehen, wenn er giftige Abwässer in den Fluss leitet? Ist er glücklich? Freut er sich am Leben (nicht vordergründig, sondern in seinem tiefen Inneren)? Welche Motive mag er haben? Wie ist seine Angst entstanden, ohne diese Entsorgungsart nicht existieren zu können? Woher kommen seine Ängste, ohne den damit verbundenen finanziellen Gewinn nicht zufrieden leben zu können? Hat seine Lebenszufriedenheit keine andere Basis? Welche Lebenseinflüsse, an denen andere Menschen beteiligt sein können, haben ihn veranlasst, emotional dermaßen zu verarmen?

Umweltfreundliche Entsorgung kostet Geld. Sind Sie wirklich bereit, diesen Preis zu bezahlen? Oder wählen Sie lieber billigere Produkte?

Wie können Arbeitsplätze entstehen, wenn wir immer wieder ausschließlich der Arbeitslosigkeit unsere ganze Aufmerksamkeit und damit unsere Energie geben? Wie können wir „Reichtum" erlangen, wenn wir uns immer auf den „Mangel" konzentrieren? Was kann die Folge sein, wenn wir diesen unerfreulichen Realitäten ständig unseren eigenen „inneren Dünger" geben? Die Antwort wird Sie nun nicht mehr wundern: Sie werden noch mehr Anlässe für Ihre Ängste finden.

Damit keine Missverständnisse entstehen: Gewalttaten sind als Möglichkeit für Konfliktlösungen mit aller Entschiedenheit abzulehnen! Das Leid, das daraus entsteht, ist immens, ohne Frage. Aber um Hintergründe und Lösungen zu erkennen, müssen weitergehende Fragen gestellt werden. Dies gilt auch für die anderen Bedrohungen: Umweltschadstoffe, Arbeitslosigkeit, Kriminalität etc.

Und darum geht kein Weg daran vorbei, uns diesen unangenehmen Fragen nach dem Eigenanteil zu stellen, sei es als Einzelperson oder als Staat. Natürlich bedeutet dies nicht gleich, dass wir selbst Gewalt aussenden (obwohl dies immer wieder auch geschieht). Es reichen schon kleinere Handlungen mit negativer Energie, die entsprechend dem Resonanzprinzip bereits verstärkte negative Folgen haben. So kann sich eine regelrechte Spirale entwickeln, deren Ende wir mit Sorgen, Ängsten und Schrecken betrachten.

Die Wirkung von Sorgen

Natürlich wissen Sie, was Sorgen sind! Sie stellen eine große Beeinträchtigung der Lebensfreude vieler Menschen dar. Ständig höre ich „Ich mache mir solche Sorgen" in allen Variationen, sei es im privaten Umfeld oder im gesellschaftlichen, wirtschaftlichen oder politischen Bereich. Sorgen scheinen ein unabwendbarer, fast schicksalhaft empfundener Bestandteil unseres Lebens zu sein. Selbst wenn es keine konkreten Sorgen sind, gibt es auch den Zustand der „ständigen Besorgtheit", die den ganzen Alltag düster einfärbt.

Natürlich ist das Gefühl einer ständigen Besorgtheit fast dasselbe wie ein chronisch-ängstliches Lebensgefühl, nicht wahr? Da ist es bis zum Hauptbegriff dieses Buches, den Ängsten, nicht mehr weit.

Da Sie mit Sicherheit genau kennen, was ich meine, werde ich auf eine ausführliche Schilderung der Gefühle verzichten, die Sie bei Sorgen haben können. Sie kennen die schlaflosen Nächte, das ständige Grübeln, die angstvollen Gedanken, den quälenden Einfluss auf Ihren Alltag usw. Sie können sich an den schönen Dingen des Lebens kaum noch freuen, haben „keinen Blick" dafür, weil all Ihre Gedanken von den Sorgen „besetzt" sind, haben depressive Empfindungen und vieles mehr.

Wenn ich auf Seminaren nach den Folgen von Sorgen auf den Betroffenen selbst frage, kommen die Antworten Schlag auf Schlag: „Sorgen fressen mich auf", „Sorgen machen mich krank", „Sorgen schwächen mich", „Sorgen tun mir nicht gut", „Sorgen lähmen mich" usw. Jeder kennt die negativen Folgen, aber dennoch wird an den Sorgen festgehalten.

Frage ich nach den Folgen der Sorgen auf den anderen (um den man sich z.B. Sorgen macht), dann kommen die Antworten zögerlicher, aber nicht weniger eindeutig: „Sorgen belasten den anderen", „Sorgen zeigen mein Misstrauen in die Fähigkeiten des anderen", „Sorgen schwächen den anderen", „Sorgen entwerten den anderen", „Sorgen entmündigen (!) ihn". Das sind schon erstaunliche Reaktionen, nicht wahr? Schauen Sie selbst, ob Sie ähnliche Antworten kennen.

Sorgen schwächen Sie selbst
und durch das damit verbundene Misstrauen
auch den anderen bzw. die Lösung.

Was für die Sorgen um einen anderen Menschen gilt, muss auch für die Sorgen um derzeitige und künftige Ereignisse in Ihrem Leben gelten. Übertragen Sie doch einmal diese Folgen der Sorgen auf Ihr eigenes künftiges Leben. Werden Sie nachdenklich?

Wenn ich nun auch noch frage, warum man sich denn Sorgen um einen anderen Menschen macht, dann höre ich Begründungen wie „Ich liebe ihn schließlich, da muss ich mir doch Sorgen machen!".

Moment mal: Liebe ist doch die wohl heilendste und konstruktivste Energie, die wir auf der Welt kennen. Wie kann es sein, wenn Sie Liebe mit dieser heilenden Wirkung aussenden, dass es dann beiden Beteiligten schlechter geht? Wie kann Liebe schwächen? Wie soll ich denn das verstehen?

Sie werden mühelos erkennen, dass hier etwas nicht stimmen kann. Ich kann es noch anders formulieren:

Ist es nur möglich, Fürsorge und Engagement mit dem Preis des eigenen drohenden Nervenzusammenbruches zu geben?

Das mag etwas provokant formuliert sein, aber diese Frage bleibt dennoch.

Wenn nun also Sorgen das eigene Befinden beeinträchtigen und den anderen ebenso belasten können, dann drängt sich zudem folgende Frage auf: Wie wirken sich denn Sorgen auf Ihre Probleme aus? Wie können sich die Sorgen der Menschen auf die Probleme in der Gesellschaft oder ganz allgemein auf unserer Welt auswirken?

Ich denke, es kann nur eine Antwort geben: Sorgen behindern Sie selbst am konstruktiven Gestalten Ihres eigenen Lebens und tragen nicht zu Ihrem Wohlgefühl bei, was doch eigentlich Ihr Ziel ist. Und was im kleinen

Maßstab gilt, trifft natürlich auch für einen größeren Maßstab zu.

Sorgen führen nicht zu einer Reduzierung der Probleme in der Welt.

Wenn Sorgen die Macht haben, die heilende Wirkung der Liebe abzuschwächen oder aufzuheben, dann sollten Sie darüber nachdenken, welchen Einfluss Sorgen auf Ihre Probleme haben. Aber ebenso gilt es zu schauen, inwieweit dieser negative Einfluss der Sorgen auf die Ereignisse in unserer Welt hilfreich ist. Können Sorgen nicht sogar Umstände herbeiführen, über die man sich erneut sorgen könnte?

Wenn zudem deutlich wird, dass im Nachhinein fast alle Sorgen sich als unnötig erwiesen haben, dann ist endgültig klar, dass es notwendig ist, nach Alternativen zu suchen. Darüber, dass diese Alternative sicher nicht in einer naiven „Sorglosigkeit" zu finden ist, lesen Sie mehr im Kapitel „Konsequenzen für den Alltag".

Zunächst aber geht es um die Hintergründe des zentralen Themas: der Ängste.

Hintergründe der Angst

Allgemeine Aufgaben der Angst

Es ist hilfreich, die Entstehung der Angst und die Mechanismen, durch die sie verstärkt wird, etwas genauer zu betrachten. Dann werden auch die Möglichkeiten für einen konstruktiven Umgang mit der Angst ersichtlich. Ich möchte Ihnen das Wissen aus der weltweit anerkannten Therapie für Angststörungen in sehr kurz gefasster Form vermitteln, das Sie bei Interesse in entsprechenden Büchern vertiefen können. (Literaturempfehlungen siehe Anhang)

Angst ist ein elementares Gefühl, das die Menschen von Anbeginn her kennen. Das legt die Vermutung nahe, dass die Angst einen bestimmten Sinn oder Zweck hat. Wie kann diese Funktion aussehen?

Stellen Sie sich einen Urzeitmenschen vor, der plötzlich einem wilden Tier gegenübersteht. Dieser Mensch hat zwei Möglichkeiten des Handelns: Er kann die Flucht ergreifen oder er kann den Kampf gegen dieses Tier aufnehmen. Für beides benötigt er dasselbe: Energie. Diese Energie muss nun aber auch blitzschnell zur Verfügung stehen, sonst könnte es für ihn recht unerfreulich werden.

Wie also kann diese Energie so schnell bereitgestellt werden? Der menschliche Körper hat eine Möglichkeit entwickelt, durch die Energie sofort zur Verfügung steht: die Angst! Und diese Angst ist notwendig. Ohne sie würde unser Urzeitmensch wahrscheinlich zu langsam reagieren und von dem Raubtier getötet werden.

Sie alle kennen die „kleine Schwester der Angst“: das Lampenfieber. Hier können Sie sehr schön die ursprüngliche Wirkungsweise erkennen. Stellen Sie sich vor, es würde sich ein Violinsolist bei einem Konzert gut gelaunt und entspannt vor das Publikum stellen und damit beginnen, Beethovens Violinkonzert zu spielen. Was werden Sie wohl zu hören bekommen?

Stellen Sie sich nun diesen Solisten vor, der das „richtige“ Lampenfieber (die „richtige“ Angst!) hat, innerlich „bis in die Fingerspitzen“ motiviert und angespannt bzw. konzentriert. Mit höchster Aufmerksamkeit wartet er auf seinen Einsatz und dann beginnt er mit seinem Violinspiel. Welche Musik werden Sie in diesem Fall zu hören bekommen? Was wird wohl mehr nach Beethoven klingen?

Hier wird es deutlich. Der Mechanismus der Angst, auch in der kleinen Version des Lampenfiebers, hat die Aufgabe, uns die notwendige Energie für unsere Leistungen bereitzustellen. Was für einen Musiksolisten gilt, trifft natürlich auch auf andere zu, z.B. Redner, Artisten, Künstler, und ebenso auf jeden von uns in Situationen, in denen unsere Leistung und Konzentration gefragt ist. Allein schon das Autofahren ist eine entsprechende Situation.

Angst stellt Energie zur Verfügung.

Die Angst macht es Ihnen möglich, bestimmte Aufgaben zu lösen. Diese Aufgabe kann darin liegen, einer Gefahr sinnvoll zu begegnen, eine höhere Aufmerksamkeit zu erlangen und eine besondere Leistung zu vollbringen.

Aber diese Aufgaben können noch weiter gehen. Wir alle haben unsere inneren Denk- und Verhaltensmuster, die uns immer wieder blockieren und unser Leben erschweren. Es gehört nun zu unseren Lebensaufgaben, diese inneren Blockaden zu erkennen und mit der Auflösung zu beginnen. Dies ist gewiss leichter gesagt als getan. Dazu ist es erst einmal notwendig, die Blockaden überhaupt zu erkennen! Sie liegen ja meist im Unterbewusstsein und sind darum nicht auf den ersten Blick sichtbar.

Hier hilft die Angst weiter. Angst kann dazu beitragen, die eigenen inneren Muster überhaupt wahrzunehmen. Und das ist die Voraussetzung für eine beginnende Auflösung.

Die Angst ist auch Ihr Freund,
der Sie auf Ihre eigenen inneren Blockaden
und Muster hinweist.

Sie werden also gewissermaßen von Ihrer Angst auf Ihre eigenen Aufgaben „gestupst", nach deren Erledigung Sie ein erfüllteres Leben mit mehr Lebensfreude führen können. So kann ich den bekannten Satz „Leid ist wie Durst; erst der Durst führt zum Wasser" umwandeln in:

Angst ist wie Durst. Erst der Durst führt zum Wasser.

Warum sollten Sie sich vor etwas fürchten, das Sie zum Wasser führt?

Ein kurzes Beispiel möge Ihnen zeigen, wie dies tatsächlich funktionieren kann. Ich denke an einen Menschen, der unter heftigen Lebens- bzw. Zukunftsängsten litt. In den therapeutischen Gesprächen wurde deutlich, was sich dahinter verbarg: Es war die Angst, den Erwartungen anderer Menschen nicht entsprechen zu können, und die Sorge, dass andere Menschen sich dann von ihm abwenden könnten. Dann würde er leer ausgehen. Es wurde ihm bewusst, dass er in seinem Leben meist auf einem Ast saß, den andere Menschen ihm hingehalten hatten. Die Vorstellung, diese „Lebensbasis" zu verlieren, war in der Tat zum Fürchten. Seine Angst zeigte ihm seine Aufgabe und seinen Weg: Er machte sich daran, sozusagen seinen „eigenen Ast" zu bauen, der seine Lebensbasis werden sollte. Er begann, eigenverantwortlich für sich selbst zu sorgen und unabhängiger von anderen zu werden. Dies führte zu einer allmählichen, aber deutlichen Verbesserung seines Lebensgefühls. Die Angst zeigte ihm diesen Weg.

Sie können sich vorstellen, dass es hier zahlreiche andere Beispiele gibt. Ich kann Sie nur ermuntern, sich aufmerksam anzuschauen, was Ihre Angst Ihnen zeigen möchte. Denken Sie an den Ausspruch:

Stoße die Tür auf, vor der du dich am meisten fürchtest, denn dahinter wartet das Ende deiner Angst.

Dies mag durchaus anfangs kein leichter Weg sein, es wird einiges an Zeit und Mühen beanspruchen. Aber die Angst sorgt für den nötigen inneren Druck und für die nötige Energie (daher spricht man auch von „dem Mute der Verzweiflung").

Wie nun bewirkt unser Körper diese Bereitstellung von Energie? Es sind zwei Systeme, die für die notwendige Energie sorgen. Das lässt sich am einfachsten am Beispiel der Angst vor einer äußeren Gefahr erkennen.

Der eine Weg ist die Reaktion des *vegetativen Nervensystems,* das unbewusst arbeitet und mit unserem Willen nicht direkt beeinflusst werden kann. Dieses System ist verantwortlich für die Steuerung der körperlichen Vorgänge wie etwa Blutdruck, Herzfrequenz, Durchblutung, Magen-Darm-Tätigkeit etc. Die Angst bewirkt nun entsprechende Impulse, sodass blitzschnell z.B. der Blutdruck und die Herzfrequenz steigen, sodass sofort mehr Sauerstoff transportiert werden kann. Somit können die Muskeln mehr leisten.

Der andere Weg ist eine Reaktion des *hormonellen Systems.* Die Angst bewirkt eine sofortige Freisetzung bestimmter, für diese Fälle gespeicherte Hormone. Das bekannteste ist das Adrenalin, das Körperfunktionen so beeinflusst, dass mehr Energie vorhanden ist.

Es ist also eine Vielzahl von spürbaren (z.B. Pulsbeschleunigung), aber auch unbemerkten Vorgängen (z.B. Erhöhung des Blutzuckerspiegels), die durch die Angst in Gang gesetzt werden und die notwendig sind, damit der Körper sich der plötzlichen Aufgabe stellen kann.

Angst ist im Prinzip eine lebensnotwendige Reaktion, auf die wir angewiesen sind und die uns schützt. Dies ist wichtig zu wissen! Angst ist vom Ursprung her also natürlich und normal. Insoweit besteht eigentlich kein Grund, sich davor zu fürchten.

Angst ist eine natürliche und lebensnotwendige Reaktion, um in Gefahrensituationen Energie bereitzustellen.

Nun werden Sie aber mit Recht fragen: Wenn denn die Angst so normal und wichtig ist, warum leiden dann so viele Menschen unter dieser Angst dermaßen, dass sie kaum noch mit ihrem Leben zurechtkommen? Warum tritt so oft das Gegenteil ein, d.h. warum scheint die Angst geradezu zu blockieren und es fast unmöglich zu machen, mit der Situation sinnvoll umzugehen? Warum hat die Angst oft die bekannten leidvollen Folgen für die Betroffenen mit den manchmal massiven Symptomen?

Offenbar ist es hier zu einer erheblichen Steigerung der „natürlichen“ Angst gekommen, die sehr ausgeprägt sein kann, sodass der Eindruck einer „krankhaften“ bzw. „übersteigerten“ Angst entsteht, was die Betroffenen nun gar nicht mehr als hilfreich, sondern als Bedrohung empfinden. Und auf eine Bedrohung reagieren sie natürlich wieder mit Ängsten. So entsteht regelrecht eine „Angst vor der Angst“.

Der erste Teufelskreis der Angst

Es gibt einen Verstärkungsmechanismus, der zutreffend als der „Teufelskreis der Angst“ bezeichnet wird. Das Wissen um diesen Teufelskreis ist absolut notwendig für jeglichen Umgang mit der Angst und daher auch Bestandteil einer jeden Angsttherapie.

Der erste Teufelkreis der Angst

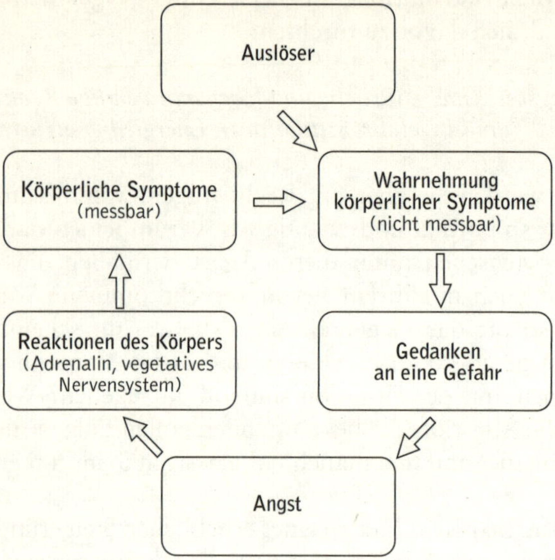

Zunächst besteht ein *Auslöser,* eine besondere Situation, sei es der Aufenthalt in einem engen Raum, die Angst vor einem Unfall oder einer schwierigen zukünftigen Situation usw.

Der nächste Schritt ist die *Wahrnehmung* körperlicher Symptome, wie Beklemmungsgefühle, Herzrasen, Schwindel, Übelkeit, Schweißausbruch etc. Sie spüren Veränderungen in Ihrem Körper, die plötzlich auftreten und die Sie sich (zunächst) nicht erklären können.

Und weil diese Symptome so unerklärlich erscheinen, machen Sie sich *Gedanken* über diese Symptome. Diese Gedanken können durchaus in jene Richtung gehen, in der Sie eine Gefahr sehen. Sie können beispielsweise denken: „Ich bekomme einen Herzinfarkt“ oder letztlich auch: „Ich sterbe“.

Die Folge dieser Gedanken ist dann die *Angst,* die Sie zur Genüge kennen. Diese Angst hat nun zwei Folgen. Zum einen kann daraus eine Verhaltensänderung entstehen. Im einfachsten Fall hieße dies, vor der Angst auslösenden Situation zu flüchten. Es kann aber dann auch heißen, diese Situation künftig zu vermeiden. Die fatale Wirkung der Vermeidung werde ich später beim „zweiten Teufelskreis" schildern. Auch die Einnahme von Angst lösenden Medikamenten gehört hierher.

Zum anderen aber bewirkt die Angst die oben bereits angesprochenen *Reaktionen des Körpers,* wie die Veränderungen im vegetativen Nervensystem und in der Freisetzung bestimmter Hormone. All dies hat das Ziel, Energie für den Körper bereitzustellen.

Dies führt natürlich zu entsprechenden *Symptomen* des Körpers, wie Blutdruckerhöhung, Pulsbeschleunigung, Zunahme der Atmung (Sauerstoffversorgung), Veränderungen der Durchblutung (z. B. mehr Blut zu den Muskeln, weniger Blut in der Haut), Schweißproduktion (zur Kühlung), Reduzierung nicht benötigter Funktionen (z. B. Produktion von Speichel und Verdauungssäften), weite Pupillen (besseres Sehen) und vieles mehr.

Diese Symptome, die in aller Regel messbar sind, führen natürlich wieder dazu, dass Sie sie verstärkt wahrnehmen. Die Wahrnehmung ist im Gegensatz zu den Symptomen selbst allerdings nicht messbar. Dennoch spüren Sie sie und machen sich Ihre Gedanken darüber. Wenn Sie nun verstärkt Symptome wahrnehmen, dann kann der Gedanke entstehen: „Es ist ja tatsächlich gefährlich!" Das Resultat ist dann eine noch größere Angst. Die wiederum verursacht eine verstärkte Adrenalinfreisetzung und eine entsprechende Reaktion des vegetativen Nervensystems, sodass die objektiven Symptome verstärkt werden. Dies wiederum wird entsprechend wahrgenommen und führt zu weiteren Gedanken an eine Gefahr.

Das ist ein wahrer Teufelskreislauf! Sie sehen, dass der Auslöser unwichtig geworden ist. Dieser Teufelskreis funktioniert allein und verstärkt sich allein. Dies geschieht mit einer unglaublichen Geschwindigkeit (mehrere Male innerhalb weniger Sekunden bis Minuten), sodass die betroffenen Menschen meinen, die Angst wäre *sofort* so groß.

Mir ist nun sehr wichtig, dass Sie Folgendes erkennen:

Sie haben eigentlich *keine* Angst vor dem Auslöser (bei Platzangst z.B. dem engen Raum)! Anlass ist nicht Ursache. Sie haben auch letztlich *keine* Angst vor der Wahrnehmung Ihrer körperlichen Symptome. Aber Sie haben Angst vor Ihren Gedanken, die Sie sich über Ihre Wahrnehmung Ihrer Symptome machen! Das ist ein großer Unterschied und wichtig für die Lösung.

Sie haben Angst vor Ihren Gedanken, die Sie sich über Ihre Körpersymptome in bestimmten Situationen machen.

In dieser Übersteigerung und im Kreisen in diesem Kreislauf verlieren sich natürlich die ursprünglich konstruktiven und sinnvollen Effekte. Auch wenn der Vergleich hinken mag, so denke ich an die Immunabwehr des Körpers. Auch diese ist sinnvoll und lebensnotwendig. In der übersteigerten Form allerdings wirkt sie eher störend als hilfreich. Wir nennen es: Allergie.

Der Körper ist in diesem Teufelskreis (Angstanfall) dermaßen mit sich selbst beschäftigt, dass kaum noch Möglichkeiten für eine sinnvolle Reaktion zu bleiben scheinen. Anstatt die bereitgestellte Energie aufzuwenden, um sich Gedanken zu machen, wie diese Energie genutzt werden kann, werden die Gedanken während des

„Rotierens“ im Teufelskreislauf auf die Frage gelenkt, wie gefährlich die Körpersymptome denn nun sein mögen. Für konstruktive Lösungen besteht dann kaum noch Platz. Das Resultat kann dann wirklich heftig sein: Sie sehen dann noch mehr Anlass, sich zu fürchten.

Der zweite Teufelskreis der Angst

Es gibt noch einen weiteren Teufelskreis der Angst, der oft übersehen wird, der aber eine große Wirkung hat und eine wirkungsvolle Möglichkeit darstellt, die Angst zu verstärken.

Ich erwähnte beim ersten Teufelskreis, dass auf der Stufe der Angst die Möglichkeit einer Verhaltensänderung besteht. Diese kann auf verschiedene Art geschehen: der Flucht, der Vermeidung und dem „Hilfe suchenden Verhalten“, z.B. durch Tabletteneinnahme oder die Notfall-Telefonnummer in der Handtasche.

Zum einfachen Verständnis stellen Sie sich vor, Sie sind in einem engen Raum und bekommen dort einen Angstanfall mit all seinen körperlichen Symptomen. Das Ganze wird dermaßen unerträglich für Sie, dass Sie aus diesem Raum flüchten. Draußen im Freien spüren Sie dann, dass es Ihnen allmählich besser geht. Sie atmen tief durch, setzen sich erschöpft hin (Angstanfälle fordern und verbrauchen die Energiereserven!) und erleben das Abflauen der Symptome. Nach einer halben Stunde geht es Ihnen wieder gut. So weit, so schlecht.

Sie können sich aber auch folgende Situation vorstellen: Sie brauchen einen Termin bei einem Arzt, weil Sie z.B. seit langem heftige Kopfschmerzen haben. Sie greifen zum Telefon, wählen die Nummer, spüren plötzlich, wie Sie Angst bekommen und diese immer größer wird (der Arzt könnte ja z.B. einen Hirntumor diagnostizieren), und legen den Hörer schnell wieder auf. Nach einer halben Stunde geht es Ihnen wieder besser. Sie werden weitere Versuche wohl künftig vermeiden.

Das Gleiche gilt im Prinzip auch für Ängste, die beim Erfahren schlechter Nachrichten oder beim Beginn einer schwierigen Aufgabe entstehen können. Dennoch beschreibe ich diese Zusammenhänge ausführlich anhand der Platzangst, weil hier das Prinzip besonders klar wird.

Wo liegt das Problem? Warum ist es nicht gut, sich nach einer Flucht/Vermeidung wieder gut zu fühlen? Natürlich sei Ihnen dies von Herzen gegönnt. Aber es besteht die hohe Wahrscheinlichkeit, dass sich ein weiterer Teufelskreis entwickelt, dessen Resultat eine Steigerung der Angst bedeutet. Hieran wird meist nicht gedacht. Wie kann dies geschehen?

Wenn Sie flüchten bzw. vermeiden und es Ihnen wieder gut geht, hat sich der Satz geprägt: „Wenn ich flüchte, geht es mir besser“ oder „Wenn ich nicht anrufe, geht es mir besser“ oder „Wenn ich nichts erfahre, kann ich ruhig sein. (Was ich nicht weiß, macht mich nicht heiß)“.

Nur: Wenn Sie immer wieder flüchten bzw. vermeiden, wird sich immer wieder dieser Satz in Ihr Bewusstsein prägen. Und hier liegt die große Gefahr! Wenn sich obiger Satz viele Male wiederholt, so können Sie es kaum verhindern, dass fatalerweise ein kleines Wörtchen am Anfang hinzukommt: „Nur(!) wenn ich flüchte bzw. vermeide, geht es mir besser.“ Dieses kleine Wörtchen „nur“ macht den ganzen Unterschied!

Dazu müssen Sie nämlich wissen, dass hinter allen „Nur wenn“-Sätzen ein spiegelbildlicher Satz existiert, wie ein Negativ zu einem Foto. Und solch ein spiegelbildlicher Satz tut seine Wirkung!

Der zweite Teufelkreis der Angst

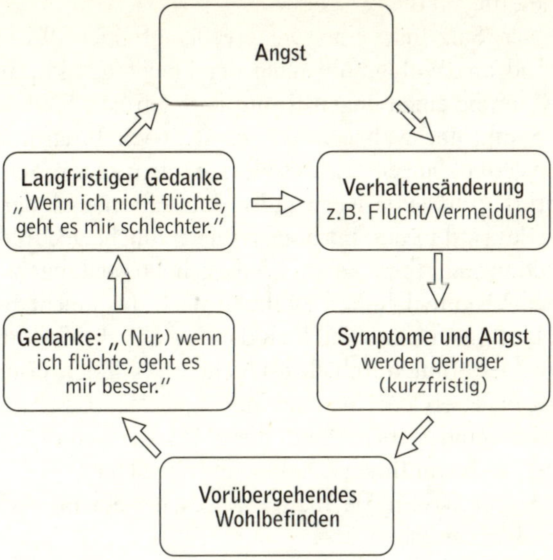

Der spiegelbildliche Satz heißt in diesem Fall: „Und wenn ich *nicht* flüchte bzw. vermeide, geht es mir schlechter." Mit anderen Worten: Sie sind davon überzeugt, dass es Ihnen noch schlechter ginge, wenn Sie eben nicht geflüchtet wären, sondern in diesem Raum geblieben wären, oder wenn Sie tatsächlich mit der Arzthelferin einen Termin ausgemacht hätten, oder wenn Sie tatsächlich die schlechte Nachricht erfahren hätten. Was wird diese Überzeugung wohl mit Ihrer Angst machen?

Fatal ist auch, dass jedes Mal, wenn Sie flüchten bzw. vermeiden und es Ihnen besser geht, Sie sich den Wahrheitsgehalt des Satzes „Wenn ich *nicht* geflüchtet wäre bzw. vermieden hätte, wäre es mir schlechter gegangen" selbst bestätigt haben! Denn Sie sind davon überzeugt, es ist Ihnen „nur" besser gegangen durch die Flucht bzw. Vermeidung.

Dieser Satz hat eine weitere, langfristige Wirkung, während das Wohlgefühl nach der Flucht nur kurzfristig ist. Wenn Sie einen engen Raum betreten und Sie körperliche Symptome wahrnehmen, entsteht vor Ihren inneren Augen gedanklich ein wahres Horrorszenario, z.B. Schwindel, Sturz, Schädelbasisbruch, Intensivstation, evtl. der Tod usw. Dies sind in der Tat höchst unerfreuliche gedankliche Vorstellungen. Aber: Es sind lediglich Vorstellungen, Ihre eigenen Visionen! Indem es Ihnen nach der Flucht besser geht, bestätigen Sie sich jedoch damit die Richtigkeit dieser Vision (denn nur durch Ihre Flucht ist es Ihnen ja besser gegangen – denken Sie zumindest), ohne dass Sie dies bewusst getan haben. Und diese Vision bleibt „unaufgelöst", sie bleibt Ihnen erhalten, eben weil Sie ja geflüchtet sind. Somit wissen Sie nicht, wie es bei einem Verbleib tatsächlich gewesen wäre!

Und wenn Sie das nächste Mal einen engen Raum betreten, tun Sie dies bereits mit dieser Vision. Können Sie sich vorstellen, wie es Ihnen beim bloßen Betreten dieses Raumes geht? Und wenn Sie dann noch an den spiegelbildlichen Satz denken „Wenn ich nicht flüchte, d.h. wenn ich nur diesen Raum betrete, geht es mir schlechter", dann können Sie sich vorstellen, wie groß inzwischen Ihre Angst geworden ist und dass es Ihnen natürlich bereits beim Betreten sehr schlecht geht. Das kann so ausgeprägt werden, dass Sie bald einen großen Bogen um solche Räume machen müssen, weil Sie bereits in deren Nähe Angst spüren.

Natürlich können Sie diese Schilderung auch auf den vermiedenen Anruf in der Arztpraxis übertragen. Ebenso finden sich diese Zusammenhänge zumindest ansatzweise bei all den Ängsten, die in Ihrem Leben eine Rolle spielen. Allein schon die Betrachtung von Ereignissen aus Ihrer Erfahrung vor diesem Hintergrund kann zu spannenden Erkenntnissen führen!

Das so genannte „Vermeidungsverhalten" hat eine fatale Folge: Die Situation hat solch eine Macht über Sie bekommen, dass Sie bereits Ihre Handlungen entsprechend verändern. Sie geben also ausgerechnet jener Situation, vor der Sie sich fürchten, mehr Macht über Sie und Ihr Verhalten. Ist es dann nicht eine logische Folge, dass die Angst als immer bedrohlicher empfunden wird?

Nun können Sie z.B. bei der Platzangst argumentieren, dass es doch nicht weiter schlimm sei, Sie würden eben nicht mehr in enge Räume gehen. Und Treppensteigen sei sowieso gesünder als Fahrstuhlfahren. Auch wenn Sie sich selbst mit geschickten Argumenten beruhigen, es wird Ihnen nichts nützen. Es ist ein großer Unterschied, ob Sie Treppen steigen, weil es gesund ist oder weil Sie den engen Fahrstuhl aus Angst vermeiden!

Die Angst verhält sich oft wie Klee auf einem Rasen: Sie breitet sich weiter aus. Wenn Sie sich mehr oder weniger geschickt mit Vermeidungen durch Ihr Leben manövrieren, wird Ihr Aktionsradius immer enger. Die Angst erfasst nach und nach weitere Bereiche. Dann ist der Punkt nicht mehr weit, wo Sie wirklich ein ernsthaftes Problem haben.

Ich habe Patienten erlebt, die lediglich Angst vor Seilbahnen hatten und dies so belassen wollten, weil es an ihrem Wohnort in Norddeutschland wenig Seilbahnen gäbe. So verständlich diese Haltung auch ist, so fatal können die Auswirkungen sein. Es ist wirklich passiert, dass solch ein Mensch nach etlichen Jahren sich kaum noch aus dem Haus getraut hatte, weil er in immer weiteren Situationen mit seiner großen Angst konfrontiert wurde.

Immer wenn Sie eine Situation vermeiden, weil Sie dort einen Angstanfall oder zumindest Ängste befürchten, heißt es, dass Sie sich bereits in diesen Teufelskreisläufen befinden. Dann ist es an der Zeit, an die Lösung zu denken.

Was für die Flucht und Vermeidung gilt, trifft natürlich auch auf das so genannte „Hilfe suchende Verhalten" zu. „Nur wenn ich die Telefonnummer oder das Handy (für den Notfall) in der Tasche habe, kann ich aus dem Haus gehen" kann auch bereits Ihren Aktionsradius deutlich einschränken. Was tun Sie denn mal ohne Telefonnummer oder Handy? Zu Hause bleiben?

Auch was ich eingangs über die Einnahme naturheilkundlicher Medikamente in der Schwangerschaft gesagt habe, gehört hierher.

Um es deutlich zu machen: Es kann völlig in Ordnung sein, wenn Sie die Notfall-Telefonnummer in der Tasche haben oder wenn Sie einen bestimmten Ort nicht aufsuchen etc. Das Entscheidende ist das Wörtchen „nur"! Damit stellen Sie in vielen Fällen eine Bedingung her, die in Ihrem Leben nun mal nicht immer gewährleistet sein wird. Ich werde hierauf später bei den Veränderungen im Umgang mit der Angst näher eingehen.

In unserer Welt der Polarität kann natürlich nichts einseitig gesehen werden. So gibt es immer wieder Situationen, wo ein „Nur wenn"-Satz *nicht* in Frage gestellt werden kann, die aber dennoch die Wirkungsweise aufzeigen. Wenn Sie auf der Straße stehen und ein Auto hören, dann sagen Sie sich: „Nur wenn ich von der Straße laufe, werde ich nicht überfahren." Keiner würde auf die Idee kommen, diesen Satz als fragwürdig und Angst einflößend einzustufen, nicht wahr? Auch trifft der spiegelbildliche Satz zu: „Wenn ich nicht weglaufe, werde ich überfahren." So gilt es im Leben aufmerksam zu schauen, in welchen Situationen ein „Nur wenn"-Satz sinnvoll ist (z. B. auf der Straße) oder wo er keinen Sinn macht (z. B. Flucht aus einem engen Raum).

Worin aber liegt der Unterschied? Auf der Straße haben Sie es mit einer absoluten Realität zu tun. Wenn Sie dort beim Nahen eines Autos stehen bleiben, werden Sie überfahren. Anders aber in einem engen Raum. Hier reagieren Sie nicht auf eine Realität, sondern auf Ihre eigene Vision, Ihre Fantasie. Das ist etwas völlig anderes.

In Angstanfällen bzw. bei Ängsten reagieren Sie nicht auf eine Realität, sondern auf Ihre Gedanken, Ihre Fantasie.

Es gehört zu den wichtigsten „Denkfehlern", dass viele Menschen ihre Vision, ihre Vermutung bereits als Realität ansehen. Und von diesen verschiedenen Denkfehlern, die uns alle vertraut sind, ist im folgenden Abschnitt die Rede.

Gedankliche Fehler

Es wird Ihnen deutlich geworden sein, dass bei der Angst den Gedanken eine entscheidende Bedeutung beigemessen werden muss. Wenn Sie sich den ersten Teufelskreis der Angst anschauen, dann sehen Sie, dass die Gedanken der Angst unmittelbar vorausgehen. Mit anderen Worten:

Ihre Angst ist die Folge Ihrer Gedanken.

Bereits zu Beginn dieses Buches habe ich Sie mit einer grundlegenden Erkenntnis konfrontiert, die bereits der griechische Philosoph Epiktetos (ca. 50 bis 130 n. Chr.) formuliert hatte. Dieser Satz scheint heute zunehmend an

Bedeutung zu gewinnen. Ich erachte ihn von derartiger Wichtigkeit, dass ich ihn hier wiederhole:

Nicht die Dinge selbst beunruhigen die Menschen, sondern ihre Urteile und Meinungen über diese Dinge.

Wenn Sie sich also fragen, woher die Ängste kommen, so stellt sich zunächst die Frage, woher generell Gefühle (im Sinne von Emotionen) herkommen. Fallen die Gefühle „vom Himmel“ oder kommen sie spontan „aus dem Bauch“? Sind die Gefühle „einfach da“, sodass Sie sie einfach über sich ergehen lassen müssen?

Ohne auf dieses spannende Thema an dieser Stelle ausführlicher einzugehen, sollten Sie wissen:

Gefühle sind Reaktionen, die Sie selbst gewählt haben.

Ich weiß, wie unangenehm dieser Satz wirkt und dass ihn so mancher empört zurückweist. Wer oder was aber soll denn Ihre Gefühle bestimmen? Sind Sie fremdbestimmt?

Es gilt heute als sicheres Wissen, dass Gefühle die Folge von Gedanken sind. Ohne die Tätigkeit des Gehirns sind Gefühle nicht möglich. Umso wichtiger ist es, die Gedanken näher zu betrachten. Denn ebenso sicher wissen wir heute, dass „Fehler“ im Ablauf der Gedanken nicht nur bei der Angst und den Angststörungen, sondern auch bei allen depressiven Störungen und ebenso bei all unseren Lebensproblemen eine entscheidende Rolle spielen.

Diese „Gedankenfehler“ lassen sich in drei unterschiedlich große Bereiche aufteilen:

Gedankliche Grundannahmen

Diese Gedanken bedeuten die Basis der „Lebensphilosophie" eines jeden Menschen. Es sind grundlegende Überzeugungen, Beurteilungen und Regeln, deren Grundstein bereits in der frühesten Kindheit gelegt wurde und die im Laufe der Jahre und Jahrzehnte weiter gewachsen und ergänzt worden sind.

Diese Grundannahmen sind Ihnen möglicherweise gar nicht als solche bewusst, dennoch bestimmen sie immer wieder Ihren Alltag und Ihren Umgang mit den unterschiedlichsten Situationen. Selbst wenn diese Grundannahmen nicht sonderlich hilfreich für Sie sind, sondern Ihnen stattdessen immer wieder „in die Quere" kommen und Ihnen Nachteile bescheren, so kommen Sie zunächst nicht auf die Idee, diese in Frage zu stellen oder gar zu verändern.

Das Problem mit diesen Grundannahmen ist nämlich, dass Sie Ihre grundlegenden Überzeugungen als „Wahrheit" ansehen. Was Sie selbst aber als Wahrheit betrachten, nehmen Sie so hin, wie es ist. Sie kommen gar nicht auf die Idee, dass diese Wahrheit verändert werden sollte oder könnte!

Aber ist es wirklich „die" Wahrheit? Sind Ihre eigenen grundlegenden Überzeugungen die „Wahrheit der Welt"? Das ist in der Tat eine bedenkliche Vorstellung. Sind diese Überzeugungen nicht vielmehr ausschließlich Ihre eigene, subjektive Wahrheit? Geschieht nicht hier immer wieder bereits ein „gedanklicher Fehler", nämlich Rückschluss von einem eigenen Gedanken auf die Gedanken anderer?

Diese Grundannahmen gestalten also Ihre eigene, subjektive Wahrheit. Ein anderer Mensch hat andere Grundannahmen und somit auch seine andere subjektive Wahrheit, nur wird sich diese von Ihrer eigenen unterscheiden. Welche Wahrheit gilt denn nun? Wie viele Wahrheiten kann es geben? Ich denke, Ihnen wird deutlich, welch grundlegendes Problem hier angedeutet wird.

Ihre Grundannahmen prägen Ihre eigene subjektive Wahrheit.
Dies ist nicht die objektive Wahrheit.

Was sind denn diese Grundannahmen, um die es hier geht? Es gibt zahllose Möglichkeiten! Schauen wir uns ein paar typische Beispiele an:

„Weinen ist ein Zeichen von Schwäche."
„Übermut tut selten gut."
„Unordnung ist ein Zeichen von Schlamperei."
„Wenn ich etwas nicht perfekt mache, bin ich ein Versager."
„Nur wenn ich es anderen recht mache, bekomme ich Liebe."
„Was unbekannt ist, ist gefährlich."
„Nur wenn ich krank bin, bekomme ich Fürsorge."
„Ich kann in meinem Leben sowieso nichts verändern, weil die anderen Menschen eben so sind."
„Das war schon immer so, also bleibt es auch so."

Sie werden sich, so denke ich, in viele Sätzen wiederfinden, weil die meisten von uns mit diesen Sätzen in unserer Vergangenheit, insbesondere in unserer Kindheit, konfrontiert wurden und auch heute weiter damit konfrontiert werden.

Können Sie sich vorstellen, welch grundlegenden und immensen Einfluss diese Überzeugungen auf Ihr tägliches Leben, auf Ihre Denkweise und natürlich auf Ihre Handlungsweise haben? Alle Dinge, die Sie tun oder auch eben nicht tun, haben Ihre eigenen Grundannahmen als Basis oder werden zumindest davon beeinflusst. Solange diese Grundannahmen in Ihnen lebendig sind, haben sie Auswirkungen auf Ihr tägliches Leben.

Hier einige Beispiele:

- Sie sind davon überzeugt, doch nichts ändern zu können, vielleicht auch, weil eben die anderen Menschen „so" sind. Sie werden darum vielleicht Veränderungen, die dennoch möglich wären, erst gar nicht in Angriff nehmen und später wegen Ihres Misserfolges enttäuscht sein.
- Sie schlucken Ihre Tränen herunter, um nicht als Schwächling zu gelten. Damit erleben Sie nicht die befreiende Wirkung von Tränen.
- Sie sagen bei einer Bitte an Sie nicht „nein" (obwohl Sie erschöpft sind), um weiterhin Zuwendung zu erhalten, und tragen somit zu Ihrer weiteren Erschöpfung bei.
- Sie vermeiden eine unbekannte Situation, weil Sie Unbekanntes als gefährlich erachten, wovor Sie sich ängstigen. So erfahren Sie aber nie, dass es auch ungefährlich und schön sein kann, und behalten Ihre Ängste.

Sie sehen, dass Grundannahmen ein elementarer Bestandteil Ihrer Lebensüberzeugungen sind, die demnach recht fest verankert sind. Und obwohl sie so fest verankert sind, sind sie den meisten Menschen nicht bewusst.

Hier beginnt die therapeutische Aufgabe: unbewusste Überzeugungen bewusst und deutlich werden zu lassen. Erst dann lassen sie sich auch verändern.

Gedankliche Fehler und Verzerrungen

Befinden sich die *Grundannahmen* eher in Ihrem Unterbewusstsein, so liegen die gedanklichen *Verzerrungen* mehr an der Oberfläche und können darum auch leichter verändert werden. Diese Verzerrungen werden auch als „kognitive Fehler" bezeichnet. Das Ursprungswort „cognitio" kommt aus dem Lateinischen und bedeutet „Erkenntnis". Sie finden es z.B. im englischen Wort „recognition" (= Wiedererkennung). Heute werden Kognitionen definiert als jene inneren Erkenntnisse, die aufgrund der von außen kommenden verbalen und auch optischen Ereignisse im Bewusstsein eines Menschen entstanden sind, nachdem sie die „Filter" der eigenen Grundüberzeugungen passiert haben, durch sie entsprechend „verfärbt" und durch gedanklichen Verzerrungen verändert(!) worden sind.

Im Klartext heißt dies: Das, was Sie von Ihrer Umgebung wahrnehmen, wird von Ihren eigenen Grundannahmen gefiltert und durch Ihre eigenen Gedankenmuster geprägt und verändert. Was als Erkenntnis dann entstanden ist, ist Ihr eigener, persönlich „eingefärbter" Eindruck von den Dingen, die um Sie herum geschehen – und nicht die „objektive Wahrheit"! Das ist bei allen Menschen so und so lange kein Problem, solange Ihnen dies deutlich bewusst ist. Wenn Sie aber diese eigene, subjektive Wahrnehmung als „objektive Wahrheit" Ihrer Umgebung ansehen, fangen unweigerlich Ihre Probleme an! Ebenso problematisch ist es natürlich, davon auszugehen, dass andere Menschen die gleiche Wahrnehmung der Dinge haben. Hier tut sich ein weites Feld auf, vor dessen Hintergrund so manche zwischenmenschliche Konflikte verständlicher werden.

Was Sie von Ihrer Umgebung wahrnehmen, wird von Ihren eigenen Grundannahmen gefiltert und durch Ihre Gedanken geprägt und verändert.

Was sind denn nun diese gedanklichen Fehler? Sie beeinflussen immer wieder Ihr Reden und Handeln. Und wenn Ihr Handeln oder Ihre Worte bedenkliche Resultate zeigen, bietet es sich an, diese Fehler zu kennen und näher anzuschauen. Diese gedanklichen Fehler überschneiden sich in unterschiedlichen Bereichen mehr oder weniger. Dennoch ist es sinnvoll, sie getrennt aufzulisten, um den im Vordergrund stehenden Aspekt zu verdeutlichen. Ich führe hier einige der gedanklichen Fehler auf, die besonders bei der Entstehung der Angst eine Rolle spielen.

Alles oder Nichts

Alle Dinge werden in Schwarz-Weiß-Kategorien gesehen. Entweder ist etwas sehr heiß oder sehr kalt. Es fehlen die gemäßigten „Zwischentemperaturen", von denen es ja genügend gibt. So werden viele Wahrnehmungen und Erlebnisse vor diesem Hintergrund des Alles oder Nichts gesehen und entsprechend gewertet. Es heißt dann „immer" oder „nie", nicht aber „oft" oder „gelegentlich".

Übertreibende Verallgemeinerung, geistige Filter

Ein einzelnes negatives Ereignis wird als Beispiel einer ständigen Serie von gleichen Ereignissen angesehen. Deshalb wird auch gar nicht der Versuch unternommen, diese Annahme durch weitere Informationen auf den Wahrheitsgehalt zu überprüfen.

So werden einzelne Aspekte herausgegriffen und betont, die übrigen Aspekte verdrängt bzw. ignoriert. Dies spielt natürlich bei dem Thema Nachrichten eine große

Rolle. Aus der Vielzahl der Ereignisse – erfreuliche wie auch unerfreuliche – werden nur die negativen Ereignisse angesprochen und geschildert. Hierdurch wird eine objektive Betrachtung der Realität sehr erschwert. Dieser einseitige Blick kann dermaßen „trainiert“ werden, dass es zur Gewohnheit wird, von einem komplexen Geschehen nur die negativen Aspekte zu sehen.

Voreilige Schlussfolgerungen, Vorurteile

Es werden Schlussfolgerungen gezogen, obwohl nur ein Teil der notwendigen Informationen bekannt ist. Die einseitig negativen Informationen werden benutzt, um daraus entsprechende Schlussfolgerungen zu ziehen. Oder aber es werden eigene Vermutungen bzw. die eigene, subjektive Wahrnehmung dafür verwandt, um daraus allgemein gültige Schlüsse zu ziehen. Gerade bei den Ängsten ist dieser Aspekt von großer Wichtigkeit.

Häufig besteht der Fehler darin, dass die eigene Annahme bzw. Vermutung bereits als reale Tatsache angesehen wird. Aber: Eine Vermutung bleibt eine Vermutung. Sie kann zwar Realität werden, aber es kann auch eine ganz andere Realität entstehen. Es fehlt die aufmerksame Unterscheidung, ob Ereignisse „möglicherweise“ oder „sicher“ eintreten werden.

Emotionale Beweisführung

Hier geht es um die Annahme, dass die eigenen Emotionen genau das widerspiegeln, was tatsächlich geschieht. Die eigenen Gefühle werden also als Beweis für die Richtigkeit der eigenen Vermutung gesehen.

Gefühle entstehen in Ihrem Inneren und haben mit der Realität meist nichts zu tun. Es sind ja letztlich Ihre selbst gewählten Reaktionen auf vorhandene oder vermutete(!)

Realitäten. Wie sonst ist es zu erklären, dass drei unterschiedliche Menschen in der gleichen Situation drei unterschiedliche Emotionen haben können?

Persönlich nehmen

Unangenehme Erfahrungen oder Ereignisse werden auf sich selbst bezogen. Man fühlt sich selbst schuldig und denkt, man habe es selbst verursacht oder man habe es nicht besser verdient. Und da man annimmt, sich ohnehin nicht verändern zu können, muss man nun befürchten, dass so etwas immer wieder geschieht. Noch bedeutsamer ist die Annahme, dass unerfreuliche Ereignisse, von denen man erfährt, einem bald selbst widerfahren werden.

Hören manche Menschen von einem Flugzeugabsturz, haben sie Angst vor ihrem nächsten Flug in der Annahme, dass ihnen so etwas auch passieren würde. Hätten sie davon nicht gelesen, hätten sie auch keine Angst vor dem Flug. Erhöht jedoch der Bericht in den Nachrichten tatsächlich das konkrete Risiko? Wird etwas umso wahrscheinlicher passieren, je mehr davon berichtet wird?

Wegen der vielfältigen Überschneidungen lassen sich die Beispiele aus dem Alltag nicht genau der einen oder anderen Rubrik zuordnen. Sie finden darum hier Beispiele aus allen genannten Denkfehlern und ich lade Sie dazu ein, sie selbst zuzuordnen:

- Wenn etwas nicht völlig „gut“ ist, dann ist es ganz „schlecht“.
- Wenn Sie etwas nur teilweise geschafft haben, dann haben Sie nichts geschafft.
- Wenn Sie vor einer Reise eine schwierige Phase vermuten, dann ist die ganze Reise gefährlich.

- Wenn Sie auf Ihre Bewerbung eine Absage erhalten, dann bekommen Sie immer nur Absagen.
- Verhält sich jemand Ihnen gegenüber erbärmlich, dann sind alle Menschen schlecht.
- Ist ein Zug unpünktlich, dann hat die Bahn immer Verspätung.
- Wenn Sie von einem Überfall lesen, dann sind die Straßen heute überhaupt nicht mehr sicher.
- Sie spüren Herzstiche, also bekommen Sie einen Herzinfarkt.
- Weil das Neue Ihnen unbekannt ist, ist es für Sie gefährlich.
- Wenn Sie sich *so* fühlen, dann muss es auch *so* sein.
- Wenn Sie in einer Situation Angst haben, dann muss es auch dort *wirklich* gefährlich sein!
- Wenn Sie Ärger spüren, dann ist die Situation auch *tatsächlich* unerfreulich.
- Wenn Sie bei einem Medikament, das Sie einnehmen, von Nebenwirkungen lesen, sind Sie davon überzeugt, dass es bei Ihnen tatsächlich eintritt.

Lassen Sie mich noch ein kleines Ereignis aus meiner Praxiszeit berichten, das mich sehr betroffen gemacht hat. Es war zu jener Zeit, als Aids als Thema wichtig wurde und „entsprechend“ in den Medien behandelt wurde. Eine allein stehende Patientin saß aufgelöst und in völliger Panik vor mir. Sie hatte Angst, Aids zu bekommen. Meine erstaunte Frage, wo sie sich denn überhaupt infizieren könne, da sie doch keinen Partner habe, beantwortete sie mit einem verzweifelten „Aber man liest doch jetzt so viel darüber ...!!“. Allein ihre Gedanken mit entsprechenden gedanklichen Fehlern führten sie zu dieser völligen Verkennung der Realität – mit der Folge einer übergroßen Angst.

Automatische Gedanken

All Ihre Gedankenabläufe, unabhängig davon ob diese konstruktiv sind oder nicht, werden im Laufe der Zeit in Ihrem Gehirn zunehmend geprägt und gebahnt, ohne dass sie dann noch den Umweg über eine vernunft- oder verstandbetonte Kontrolle nehmen müssen. Wenn Sie seit Ihrer Kindheit die Information erhielten, dass unbekannte Situationen meist gefährlich sind, dann prägt sich diese gedankliche Zuordnung dermaßen in Ihr Unterbewusstsein ein, dass Sie nun in jeder Situation, die Ihnen unbekannt ist, sofort denken: „Das ist gefährlich!“ Das Resultat können Sie sich vorstellen.

Wir sprechen hier von „automatischen Gedanken“, die blitzschnell, ohne bewusstes Zutun, ja unfreiwillig ablaufen und den Betroffenen durch die entsprechenden Gefühle, die notwendigerweise als Folge dieser Gedanken entstehen, vor eine unerfreuliche Realität stellen. Dass dies nur eine subjektiv empfundene Realität ist, spielt für das Erleben zunächst keine große Rolle. Wenn Sie jedes Mal, wenn Sie einer unbekannten Situation gegenüberstehen, diesen Gedankenablauf in sich tragen, dann werden Sie jedes Mal sofort mit Ihren Ängsten konfrontiert. Und da alles, was in der Zukunft liegt, nun einmal unbekannt ist (oder können Sie hellsehen?), haben Sie tagtäglich einen Anlass für Ihre Ängste. Dies ist in der Tat die bedrückende Realität vieler Menschen. Dieser Mechanismus gilt natürlich für zahllose andere Gedankenabläufe in Ihrem Leben.

Die Schwierigkeiten liegen zunächst darin, dass diese Gedanken unbewusst und unfreiwillig, eben: automatisch ablaufen. Aber besonders problematisch sind sie deshalb, weil Sie von all Ihren Grundannahmen und gedanklichen Verzerrungen, wie oben beschrieben, beeinflusst und geprägt werden. Und darum sind Sie von der Richtigkeit Ihrer eigenen automatischen Gedanken auch so vollständig überzeugt. Sie erscheinen Ihnen völlig plausibel und so kommen Sie gar nicht auf die Idee, diese in Frage zu stellen!

Sie sind vollkommen von der Richtigkeit Ihrer automatischen Gedanken überzeugt, die zudem noch von eigenen gedanklichen Fehlern verändert worden sind.

Sie haben also immer wieder mit Gedanken zu tun, die „wie von selbst" ablaufen, die Ihnen nicht gut tun und Ihnen keine Vorteile bringen, die Sie aber, weil sie Ihnen so selbstverständlich und „richtig" erscheinen, nicht verändern wollen.

Diese Mischung von Grundannahmen, gedanklichen Verzerrungen und automatischen Gedanken ist in der Tat eine höchst „brisante" Mixtur, die gut geeignet ist, in Ihrem Leben immer wieder für unerfreuliche Gefühle und Ängste zu sorgen und die Lebensfreude zu behindern.

Grundannahmen, gedankliche Fehler und automatische Gedanken können Ängste fördern und Lebensfreude behindern.

Lassen Sie mich an dieser Stelle Ihnen Mut machen: Natürlich lassen sich auch automatische Gedankenabläufe verändern! Sonst wären Sie ja wirklich ein Opfer Ihrer eigenen Gedanken! So sehr dies die Wirklichkeit vieler Menschen trifft, ist es ebenso eine Wirklichkeit, dass Veränderungen möglich sind – wenn Sie es denn wollen. Dazu lesen Sie später mehr.

Innere Anspannung und innere Muster

Wenn Sie nun die automatischen Gedanken und die damit verbundene Problematik kennen, so werden Sie sich fragen, durch was diese selbsttätigen Reaktionen in Gang gesetzt werden können. Denn wenn es schon schwierig ist, den bisherigen unbewussten Gedankenablauf zu verändern, so wäre es doch schon ein Vorteil, die Auslöser zu kennen. Dann ließen sich ja bereits durch die Verringerung der Anlässe erste Fortschritte erzielen! Genauso ist es.

Es geht hier um das eigene innere Anspannungsniveau, das bei jedem von uns vorhanden ist und quasi die „Betriebsspannung“ liefert, damit unsere Körperfunktionen korrekt ablaufen können. Auf der Abbildung auf Seite 86 wird dies durch den schraffierten Bereich dargestellt. Dieses Anspannungsniveau ist nachts zwar geringer, aber auch dann noch vorhanden. Ohne diese elementare „Basis-Anspannung“ könnten Sie nicht leben.

In jedem von uns gibt es eine Schwelle der Anspannung (Abb.: gestrichelte Linie), bei deren Überschreitung „Alarm“ ausgelöst wird und verschiedene „Notprogramme“ in Gang gesetzt werden, um der Ursache dieser deutlich erhöhten Anspannung konstruktiv begegnen zu können. Sie wissen, dass dies die eingangs beschriebene Grundfunktion der Angst ist, die den Sinn hat, für eine Gefahr die erforderliche Energie bereitzustellen.

Nun gibt es in unserem Alltag immer wieder belastende Situationen, die allerdings die Schwelle für den Beginn eines Angstanfalles jedoch nicht erreichen und daher ohne Angst bewältigt werden können. Nur wenn die Belastung sehr groß ist, wird die besagte Schwelle überschritten. Dies beschreibt den angestrebten „Normalzustand“, wie Sie es auf der linken Hälfte der Abbildung sehen. Dabei symbolisieren die senkrechten Balken eben diese alltäglichen Belastungen.

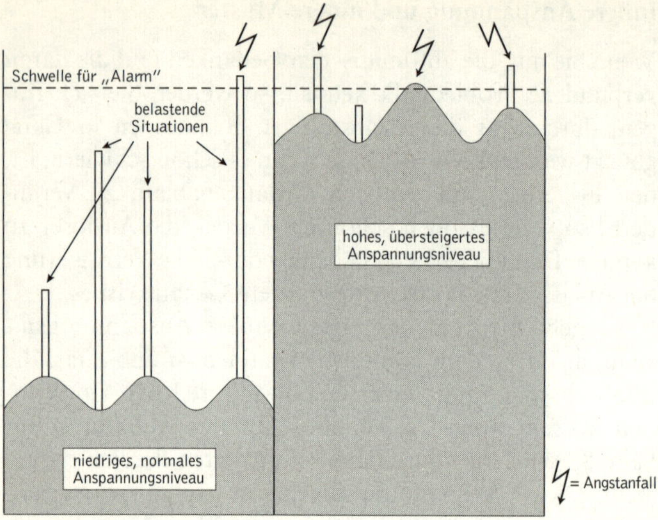

Auf der rechten Hälfte der Abbildung sehen Sie, was passiert, wenn die innere Anspannung deutlich erhöht ist. Dann reichen schon kleine belastende Situationen, um die Schwelle für den „Alarm" zu überschreiten. Es kann sogar die allgemeine innere Anspannung selbst dermaßen groß sein, dass hierdurch schon die Schwelle überschritten wird.

Was dies für Sie bedeuten kann, wird Ihnen klar sein. Schauen Sie sich Ihre eigene innere Anspannung aufmerksam an. Wie hoch ist sie? Wo finden Sie sich zwischen diesen beiden Möglichkeiten wieder?

Wir alle kennen Menschen, die dermaßen innerlich angespannt sind, dass bereits ein kleines Ereignis, z.B. eine kleine Berührung, ein leises Geräusch oder Ähnliches eine verschreckte Reaktion oder auch panikartige Angst hervorruft.

Wie kann eine „Reise durch das Leben" aussehen, wenn die innere Anspannung deutlich erhöht ist? Welches Lebensgefühl kann daraus entstehen, wenn Sie immer ängstlich darauf bedacht sein müssen, bloß nicht in eine schwierige Lage zu kommen, weil Sie sonst unweigerlich Ängste mit all den für Sie unerfreulichen Folgen bekommen würden? Kann dies ein Weg zur Lebensfreude sein?

Dieses „ängstliche Ausschau halten" bewirkt zudem auch noch, dass sich die innere Anspannung noch weiter verstärken kann! Sie schaffen sich also weitere Faktoren für eine Erhöhung dieser Anspannung! Sie erhöhen damit die Wahrscheinlichkeit von Ängsten, die Sie doch eigentlich verlieren möchten! So können Sie auch hier in einen Kreislauf geraten, der für Sie höchst unangenehme Folgen hat.

Ängstliche Anspannung führt zu Reaktionen,
die eine verstärkte ängstliche Anspannung
zur Folge haben können.

Es wird deutlich, was zunächst die Aufgabe ist: Das allgemeine innere Anspannungsniveau muss reduziert werden! Nur wie?

Fragen Sie sich: Wie heißen die Bestandteile Ihrer inneren Anspannung? Diese zu kennen ist absolut not wendig und bedeutet die Voraussetzung für eine Reduzierung des eigenen Anspannungsniveaus. Nur wenn Sie wissen, welche Faktoren bei Aufbau und Aufrechterhaltung dieser Anspannung mitwirken, können Sie diese unwirksam machen. Das nenne ich auch einen „Rumpelstilzchen-Effekt". Erst als in dem gleichnamigen Märchen die Müllerstochter den korrekten Namen genannt hatte, entmachtete sich Rumpelstilzchen selbst – es zerriss sich.

Wenn Sie Ihre eigenen Muster benennen können, haben diese Muster weniger Macht über Sie!

Wie also können die Bestandteile einer erhöhten inneren Anspannung heißen?

Die Liste dieser Bestandteile ist oft sehr lang und für jeden natürlich unterschiedlich. Sie haben bereits bei der Schilderung der Teufelskreisläufe der Angst einen wichtigen Faktor kennen gelernt: Es ist die eigene Fantasie über das, was geschehen würde, falls Sie nicht flüchten oder vermeiden. Diese wahren „Schreckensvisionen", die Sie sich ausgemalt haben, bleiben ja unaufgelöst und werden bei der nächsten Begegnung mit einer ähnlichen Situation mitgenommen!

Wenn Sie in einem Fahrstuhl einen Angstanfall bekommen haben, werden Sie doch bereits mit Herzklopfen den nächsten Fahrstuhl betreten – wenn Sie sich überhaupt trauen. Sollte dann dieser Fahrstuhl nur kurz einmal ruckeln, werden Sie wohl eher einen Angstanfall bekommen als Ihre Mitfahrer, die ja den gleichen Fahrstuhl benutzen, aber eben ein geringeres inneres Anspannungsniveau haben und somit keine besondere Reaktion spüren.

Wenn Sie wegen Ihrer Angst vor dem Arzt den Telefonhörer wieder aufgelegt haben, nachdem sich die Praxis gemeldet hat, dann stellen Sie sich einmal vor, mit welcher inneren Haltung Sie das nächste Mal zum Telefon gehen.

Und wenn Sie nach einer Zeitungslektüre vor lauter Sorgen und Ängste nicht schlafen können, mit welcher inneren Haltung nehmen Sie die nächste Zeitung in die Hand? Haben Sie da nicht schon Ängste, bevor Sie überhaupt hineingeschaut haben?

Wieder einmal gehören all die bereits beschriebenen Grundannahmen und Gedankenmuster hierher. Wenn Sie „gelernt" haben, dass unbekannt immer gefährlich ist, wird die innere Anspannung in unbekannten Situationen entsprechend höher sein. Entsprechend leichter kann dann die Schwelle für die Angstauslösung erreicht werden, wenn sich wirklich einmal eine kleine Schwierigkeit in einem unbekannten Bereich ergibt.

Wenn Sie gelernt haben, nur dann die für Ihr Wohlgefühl notwendige Zuwendung anderer zu erhalten, wenn Sie es ihnen recht machen und für sie da sind, dann erhöht sich damit in Gegenwart anderer Menschen bereits Ihre innere Anspannung. Sie müssen ja ängstlich darauf bedacht sein, den (vermeintlichen) Erwartungen anderer zu entsprechen, um eben das zu bekommen, was von Ihnen als lebenswichtig angesehen wird. Wenn Sie dann spüren, dass es Ihnen mal nicht so gut geht, weil Sie erschöpft sind oder ein Problem haben, kann diese kleine Belastung ausreichen, um Ängste entstehen zu lassen, nämlich die Angst vor Verlust der Zuwendung anderer. Darum haben doch viele Menschen solch große Angst davor, dass es ihnen mal schlecht geht! Die damit oft verbundene Anklage oder Jammerei hat häufig weniger mit der eigenen Erschöpfung, sondern mit der dann entstehenden Angst und deren Folgen zu tun!

Das Problem ist dann ja nicht hauptsächlich das eigene schlechte Befinden, sondern die reduzierte Fähigkeit, etwas für andere zu tun – wenn Sie befürchten, dass sich andere dann von Ihnen abwenden und Sie aber auf diese Zuwendung angewiesen sind, ist das tatsächlich ein Problem.

Hier wird also eine wichtige Aufgabe für Sie deutlich, um die Sie letztlich nicht herumkommen. Es geht nicht um den Blick nach außen in Ihre Umgebung und auf all die Ereignisse, mit denen Sie immer wieder konfrontiert werden. Es geht mir um Ihre eigenen inneren Muster und um die Faktoren, die zur Entstehung Ihrer Ängste und deren Fortbestand beitragen.

Ich werde die manchmal wirklich problematischen Ereignisse sicher weder ignorieren noch bagatellisieren. Die Ereignisse sind so, wie sie sind! Ich lehne jegliche Art „rosaroter Brille“ ab und bemühe mich um einen klaren Blick. Diese Klarheit ist aber mindestens ebenso wichtig bei der Betrachtung und Klärung der eigenen inneren Muster, Überzeugungen und Wahrnehmungen.

Klärung und Veränderung eigener innerer Muster (und nicht die der Umwelt!) ist die Voraussetzung für eine Reduzierung der Ängste.

Für mich gibt es hier keine Frage: Diesen Blick nach innen betrachte ich als allererste Aufgabe und als Voraussetzung für den Beginn einer Lösung, der Reduzierung der Angst, der Steigerung des eigenen Wohlgefühls im Leben, der Lebensfreude.

Die Klärung der eigenen inneren Muster kann immer wieder auch die Begleitung eines Therapeuten erfordern. Ich kann Sie nur ermuntern, dies zu tun. Diese Klärung wird ein wichtiger Schritt sein in jene Richtung, die Sie sich für Ihr Leben wünschen.

Kenntnis der eigenen Muster beinhaltet auch den Beginn der eigenen Veränderungen. Eigene Veränderungen sind aber auch die ersten Schritte in der Veränderung Ihrer Umgebung und damit auch in der Reduzierung der Anlässe Ihrer Angst. Sie haben stets einen eigenen Anteil, wie groß oder klein auch immer, an dem Verhalten anderer und an Ihrer Situation. Hier gibt es nach dem Lebensprinzip der Resonanz viel zu entdecken und zu lernen.

Sie werden nun in dem folgenden Hauptabschnitt meines Buches über diese Chancen der Veränderung mehr erfahren. Betrachten Sie bitte alles – ich wiederhole mich – als *Möglichkeit,* Dinge und Zusammenhänge zu sehen, neue Lebensrichtungen zu bestimmen.

Mir geht es darum, Ihnen einen konstruktiven Weg angesichts Ihrer Ängste aufzuzeigen. Sie sind herzlich eingeladen, diesen Weg kennen zu lernen. Ob es auch Ihr eigener Weg sein wird, das werden Sie selbst herausfinden.

Hintergründe der Realität

Wer die Ursachen versteht, kann die Wirkung beeinflussen

Allgemeine Lebensprinzipien

- Leben besteht aus Schwingungen und Rhythmus zwischen gegensätzlichen Polen.
- Schicksal ist die Aufstellung der Lebensaufgaben.
- Probleme sind wie Durst. Erst der Durst führt zum Wasser.
- Gleiches zieht Gleiches an und wird durch Gleiches ergänzt.
- Ist es sinnvoll, das eigene Spiegelbild (Ihr Leben und den Zustand der Welt) zu beklagen und zu zerschlagen, wenn es nicht gefällt?

Hintergründe von Gewalt

- Kann ein gewaltbereiter Mensch Lebensfreude spüren?
- Wie kann die kleinkindliche Lebensfreude bei ihm in solch einem Ausmaß verloren gehen?
- Wie kann man es einem gewaltbereiten Menschen ermöglichen, auf Hass und Aggressionen zu verzichten?
- Tragen wir selbst effektiv dazu bei, gewaltlose Möglichkeiten zu entwickeln, um die Welt nach unseren Kräften positiv zu gestalten?

Die Wirkung von Sorgen

- Sorgen schwächen Sie selbst und andere. Sie führen nicht zu einer Reduzierung der Probleme.
- Durch das damit verbundene Misstrauen behindern Sie die Lösung.
- Ist Liebe, Fürsorge und Engagement wirklich nur um den Preis des eigenen drohenden Nervenzusammenbruches möglich?

Hintergründe der Angst

- Angst ist eine natürliche und lebensnotwendige Reaktion. Sie zeigt Ihnen den Weg zur Lösung.
- Durch Vermeidung geben Sie jener Situation, vor der Sie sich fürchten, mehr Macht über Sie und vergrößern die Ängste.
- Bei Ängsten reagieren Sie nicht auf eine Realität, sondern auf Ihre unbestätigten Vorstellungen und Visionen.
- Was Sie von Ihrer Umgebung wahrnehmen, wird von Ihren eigenen Grundannahmen gefiltert und durch Ihre Gedankenmuster geprägt und verändert.
- Grundannahmen, gedankliche Fehler und automatische Gedanken können Ängste fördern und Lebensfreude behindern.
- Eigene Ängste führen zu Reaktionen, die eine verstärkte ängstliche Anspannung und eine Verschlechterung der Situation zur Folge haben können. Damit erbringen Sie selbst den Beweis für die Richtigkeit Ihrer Ängste.
- Das Erkennen eigener innerer Muster ist die Voraussetzung für die Reduzierung von Ängsten.

Umgang mit den Ängsten

Wie Sie auf Ängste reagieren, ist Ihre Entscheidung

„Sofortmaßnahmen"

Nun sind sie da, die Ängste. Sie kriechen höher, legen sich wie ein Ring um Sie, schnüren Sie ein, scheinen Ihnen die Luft zu nehmen ... Dies ist in der Tat eine sehr leidvoll empfundene Erfahrung. Was ist nun zu tun?

Wie in allen Situationen mit unerfreulichen Gefühlen gibt es drei Möglichkeiten: Sie können diese Gefühle verstärken, ignorieren oder akzeptieren.

Verstärken

Die Verstärkung unangenehmer Gefühle wird Ihnen völlig widersinnig erscheinen (was es ja auch ist, und dennoch: Ohne dass Sie es bewusst so wollen, werden Sie bei aufmerksamer Betrachtung erkennen, dass Sie zu Ihren unangenehmen Gefühlen oft noch einen „Geschmacksverstärker" hinzugeben und eben diese Empfindungen noch verstärken.

Zum besseren Verständnis will ich Ihnen ein einfaches Beispiel für eine derartige „Eigenverstärkung" in einer schwierigen Situation geben, wo es um Ärger und Hadern geht.

Herr Wagner hatte einen Arzttermin und wartete bereits über eine halbe Stunde. Je länger er wartete, desto höher stieg sein Ärger. Nach einer Stunde trat er wütend zur Anmeldung, knallte der Arzthelferin ein paar „passende“ Worte um die Ohren und verließ die Praxis mit lautem Türenschlagen. Dies erscheint Ihnen vielleicht völlig verständlich und nachvollziehbar. Dennoch frage ich: Was ist hier geschehen? Was hat Herr Wagner erreicht?

Er hat gar nichts erreicht außer, dass es ihm sehr schlecht ging. Zu einem unstreitigen Nachteil (ihm wurde regelrecht Zeit gestohlen, die er ohne Frage sinnvoller hätte nutzen können, packte er weitere Nachteile dazu, nämlich den Ärger. So sorgte er dafür, dass es ihm so richtig mies ging (gestohlene Zeit *plus* Ärger).

Das Resultat war, dass er letztendlich auf der Straße stand, ohne den Arzt gesehen zu haben.

Als Alternative hätte er seinen Nachteil (gestohlene Zeit) zwar als nicht annehmbar empfinden können, dann aber ohne Ärger zur Arzthelferin gehen und dafür sorgen können, entweder jetzt gleich den Arzt zu sehen oder einen neuen Termin zu bekommen, durchaus verbunden mit der ernsthaften Ermahnung, künftig auf die Einhaltung der Termine besser zu achten.

Wenn Sie an einer roten Ampel stehen, obwohl Sie es eilig haben und Sie einen Nachteil erwarten, weil Sie nun unpünktlich sein werden, dann können Sie zwar einen Tobsuchtsanfall bekommen (springt dann die Ampel schneller auf grün?) oder ebenso gut die Zeit entspannt zum Musikhören nutzen oder um ein Liedchen zu pfeifen (die Ampel wird dann nicht später auf grün schalten!). Im ersten Fall fühlen Sie sich richtig mies, dies jedoch dank Ihrer tätigen Mithilfe! Sie haben eine schwierige Situation selbst verstärkt! Denn Ärger ist *immer* eine Reaktion, die Sie selbst wählen. So haben Sie dem Ärger Macht über Sie gegeben. Im zweiten Fall haben Sie zwar den gleichen Nachteil (verlorene Zeit), aber jegliche Verstärkung ist ausgeblieben – im Gegenteil: Sie haben durch den Musikgenuss einen gewissen Ausgleich geschaffen und trotz der ungünstigen Realität haben Sie dafür gesorgt, sich (halbwegs) wohl zu fühlen. Vielleicht gab es erste konstruktive Gedanken, wie der weitere Zeitplan nun aussehen könnte, was Ihnen beim Wutanfall gar nicht möglich gewesen wäre.

Ärger ist immer eine Reaktion,
die Sie selbst gewählt haben.

Wenn Sie ängstlich sind, etwas zu schaffen, dann können Sie bereits dermaßen verunsichert sein, dass Sie spüren, dass ein Gelingen tatsächlich kaum mehr möglich ist. Dann hat die Ängstlichkeit Macht über Sie bekommen und Ihre Leistungsfähigkeit eingeschränkt. Damit haben Sie sich aber *selbst* eine Bestätigung dafür geschaffen, dass Sie Recht hatten und es tatsächlich nicht schaffen!

Letztlich geschieht es, dass Sie ausgerechnet den schwierigen Situationen Einfluss und Macht geben, darüber zu bestimmen, wie es Ihnen geht. Sie können sich folgenden Satz nicht oft genug vergegenwärtigen: *Worauf Sie Ihre Aufmerksamkeit richten, dorthin fließt Ihre Lebenskraft.*

Auch das Bekämpfen* gehört hierher. Wie oft erlebe ich es, dass Menschen ihre Ängste bekämpfen (wollen). Das klingt völlig logisch und nachvollziehbar, ja es wird sogar manchmal als therapeutisches Ziel angesehen!

Bedenken Sie aber: Heißt nicht „etwas bekämpfen" bzw. „hadern", den besagten Umständen und Emotionen die größte Aufmerksamkeit zu widmen? Kann es nicht

* Den Begriff „Bekämpfen" verwende ich im Sinne von „Hadern" und „Widerstand leisten". Dies ist etwas anderes als das „Kämpfen" im Sinne von „sich intensiv um etwas bemühen".

sein, dass damit ausgerechnet den unerfreulichen Umständen und Emotionen noch mehr Energie und Einfluss gegeben wird?

Es geht noch weiter: Auch wenn es zunächst übertrieben klingt, so sollten Sie sich fragen, ob Sie damit diese Umstände und Emotionen nicht aufwerten und ihnen fast die „Ehre“ geben. Damit signalisieren Sie, dass Sie sie für so bedeutsam und wichtig halten, dass sie es wert sind, bekämpft zu werden. Wird nicht z. B. die Angriffslust eines anderen Menschen noch größer, wenn Sie ihn bekämpfen? Glauben Sie wirklich, dass damit der Einfluss dieser unerfreulichen Umstände bzw. Emotionen kleiner werden kann – was doch Ihr Ziel ist?

Wenn Sie etwas bekämpfen, dann signalisieren Sie, dass es dies wert ist und Macht über Sie hat.

Es stimmt für mich nicht, dass ich mit „Wut im Bauch“ besonders effektiv konstruktive Lösungen herbeiführen kann (siehe Beispiel Arztpraxis). Das Prinzip der Resonanz steht dem entgegen. Gelegentliche erste Erfolge werden zwar immer wieder als Richtigkeit dieser Methode angesehen. Sind diese Erfolge aber dauerhaft? Oder ließen sich mit einer anderen inneren Haltung viel effektivere Lösungen herbeiführen? Kann ich mit „Ärger“ etwas „Angenehmes“ erreichen? Kann ich mit Gewalt letztlich Gewaltlosigkeit erzielen?

Bei dem „Bekämpfen“ drängt sich mir der Vergleich mit einem Krieg auf. Natürlich gibt es bei Kriegen auch immer wieder „Siege“, die dann als Beweis für die Zweckmäßigkeit dieser Methode herangezogen werden. Aber beachten Sie die beiden Fragen: Wie viel Leid entsteht während eines Krieges? Haben Kriege jemals die Probleme der Menschen sinnvoll und dauerhaft gelöst?

Die Antwort kennen Sie natürlich. Warum also soll diese Methode nun plötzlich bei dem Umgang mit der Angst zu sinnvollen und dauerhaften Lösungen führen? Meinen Sie wirklich, es funktioniert, wenn Sie die Gesetzmäßigkeiten des Lebens nach Belieben aussuchen oder verändern?

Ich habe es während meiner Arbeit immer wieder erlebt, dass das Bekämpfen der Ängste (i.S. des Haderns) letztlich eine Intensivierung der Ängste nach sich zog. Warum aber halten Sie es für notwendig, Ängste (oder andere „negative" Emotionen) zu bekämpfen? Oder konkreter gefragt:

Welchen Nachteil oder Schaden erwarten Sie, wenn Sie Ängste haben oder sich anderweitig schlecht fühlen?

Dies mag gewiss sehr frech und provokant klingen. Ich erwähnte es bereits, dass ich selbst durch Phasen intensiver Ängste gegangen bin. Ich stelle trotzdem bzw. *genau deshalb* diese Fragen, die ich natürlich auch mir selbst gestellt habe. Ich habe spannende Antworten gefunden.

Als wichtigste Antwort ist mir selbst immer wieder deutlich geworden: Ich habe letztlich keinen gravierenden „Schaden", wenn ich Ängste habe, und insofern muss ich mich auch nicht dagegen wehren. Natürlich war die Folge dieser Ängste, mich hundeelend zu fühlen. Aber lag darin allein schon eine *Bedrohung* für mich und falls ja, welche? Ich habe bei langem und wiederholtem Nachdenken nichts Konkretes finden können. Dies half mir dabei, meine Gefühle zunächst einfach auszuhalten. Damit verbunden war natürlich auch die Tatsache, dass jegliche Verstärkung ausblieb! Und das ist ja auch schon etwas.

Bedeuten Ängste eine Bedrohung?
Sind Ängste gefährlich?

Ich fasse noch einmal die Möglichkeiten der Verstärkung der Ängste zusammen:

- durch gezielte Aufmerksamkeit auf die negativen Gefühle und Situationen (z.B. Bekämpfen, Hadern)
- durch die beiden Teufelkreise der Angst
- durch die gedanklichen Fehler (Grundannahmen, gedankliche Verzerrungen, automatische Gedanken)

Es ist die „Angst vor der Angst", die Angst vor der damit vermuteten Bedrohung, die Angst vor schlechten Gefühlen, die Sie als so leidvoll erleben und die durch besagte Mechanismen verstärkt werden kann. Es kann der Beginn einer unseligen Spirale sein, einer Spirale sich immer weiter verstärkenden Ängste, und dann haben Sie wirklich Grund, sich zu fürchten! Sie sind dann zu einem sinnvollen Gestalten Ihres Lebens nicht mehr fähig. Das ist die traurige Realität unzähliger Menschen.

Ignorieren

Wenn also die Emotionen nicht bekämpft werden sollten, dann können Sie sie auch ignorieren und so tun, als sei nichts los. Diese Strategie klingt sehr einleuchtend und wird auch tapfer (fast heroisch) immer wieder angewandt: Unangenehme Gefühle kommen „unter Verschluss" und Sie machen munter weiter.

Ignorieren heißt aber auch verdrängen. Verdrängen hat noch nie ein Problem gelöst. Etwas Unerledigtes „unter Verschluss" zu bewahren, kann dazu führen, dass dieses Unerledigte ein „Eigenleben" beginnt. Ich werde dies einige Seiten später ausführlich am Beispiel des ungebetenen Gastes an der Haustür beschreiben. Dieses Eigenleben kann wie eine Gärung in einem verschlossenen Behälter ablaufen. Das Ergebnis: Der Druck wird irgendwann so groß, dass Ihnen alles „um die Ohren fliegt".

Aber auch die bereits erwähnten „Nur wenn"-Sätze zeigen hier Wirkungen. Wenn Sie glauben: „Nur wenn ich meine Angst ignoriere, fühle ich mich wohl", dann werden Sie jedes Mal, wenn Sie dennoch Ängste spüren, sich sehr unwohl und bedroht fühlen.

Ignorieren der Ängste kann diese verstärken.

Hiermit lassen sich viele Erschöpfungszustände oder „Nervenzusammenbrüche" erklären. Natürlich haben Sie dann noch weniger Möglichkeiten, die Dinge in Ihrem Leben sinnvoll zu regeln. Auch dann haben Sie wirklich Anlass, sich zu fürchten!

Akzeptieren

Wichtige Vorbemerkung:

Der Begriff „akzeptieren", der von mir oft verwendet wird, kann zu Missverständnissen führen. Der Begriff entstammt dem lateinischen „accipere" und bedeutet empfangen, annehmen. Damit ist noch keine(!) Bewertung des Empfangenen verbunden. Ich kann also etwas „empfangen", ohne dies z.B. als etwas Angenehmes zu empfinden.

Wenn es also wirklich so ist, dass die ersten beiden genannten Möglichkeiten letztlich nur noch mehr Anlässe zur Furcht geben, dann werden Sie neugierig sein, wie denn nun ein sinnvoller Umgang mit den Ängsten aussehen kann.

Ich kann mir durchaus Ihren Unwillen, vielleicht auch Ihre Empörung vorstellen, wenn ich Ihnen zumute, Ihre Ängste zu akzeptieren. Sie sollen also die Ängste *nicht* bekämpfen? Ausgerechnet dieses manchmal kaum zu ertragende Gefühl sollen Sie einfach aushalten?! Ist das allen Ernstes mein Anliegen? Lassen Sie mich Ihnen bereits hier meine schlichte und umwerfende Antwort geben: Ja, so ist es!

Kann es das Ziel sein, angstfrei zu leben? Gibt es Möglichkeiten, ohne Angst in die Zukunft zu gehen? Können Sie ein gutes Leben führen, in der die Angst keinen Platz hat? Die Antwort, die ich Ihnen darauf gebe, ist ein klares: Jein!

Ich werde Sie nicht an der Nase herumführen, dafür ist mir dieses Thema viel zu ernst. Denken Sie an die Polarität des Lebens: Es sind immer *beide* Pole vorhanden und wichtig! Die Frage ist also falsch gestellt. Sie impliziert nämlich die Möglichkeit, den einen Pol völlig ausschalten zu können. Das ist jedoch nicht möglich.

Ein Leben ohne Angst kann es nicht geben.

Die Frage muss also lauten: Welche Möglichkeiten gibt es, mit der Angst *sinnvoll* umzugehen?

Stellen Sie sich vor, Sie wohnen in einem Haus und es klingelt an der Tür. Sie erwarten keinen Gast und meinen, es sei demnach ein Fremder. Sie wollen ihn darum nicht hereinlassen. (Denken Sie an die Grundannahme: „Unbekannt ist gefährlich!") Wenn dieser Gast aber zu ihnen will, was kann er tun? Nun, er kann Sturm klingeln, ständig klopfen, gegen die Tür treten usw. Er kann auch unten warten und ständig hochschauen, ums Haus herumschleichen oder gar mit der Leiter auf den Balkon klettern.

Wie aber werden Sie sich in einem Haus fühlen, um das ständig jemand herumschleicht? Natürlich: Sie fühlen sich unwohl oder gar bedroht. Und genau dies geschieht, wenn Sie die Angst „nicht hereinlassen". Genau dasselbe gilt auch für die Trauer und andere „negative" Emotionen. Sobald Sie darangehen, sie auszusperren, besteht die Möglichkeit, sich von diesen Gefühlen bedroht zu fühlen.

Sie kennen nun auch die Lösung: die Tür aufmachen, den Gast hereinlassen und „mit ihm reden". Sie werden sich vertraut machen und Ihre Furcht verlieren. Die Aufgabe heißt also: die Angst zu integrieren. Sonst wird sie vermutlich ein „Eigenleben" entwickeln, von dem Sie sich dann bedroht fühlen können.

Seien Sie gewiss (und hier hinkt der Vergleich): *Dieser* Gast kann niemals für Sie gefährlich werden! Denn nach dem Prinzip der Polarität des Lebens ist Angst *untrennbar* mit dem Vertrauen verbunden (und umgekehrt), die Trauer *untrennbar* mit der Freude (und umgekehrt) usw. Diese Gefühle gehören also zu unserem elementaren inneren „Inventar".

Gefühle, die untrennbar zu Ihnen gehören,
können für Sie nicht gefährlich werden!

Problematisch wird es für Sie allenfalls dann, wenn Sie diese Emotionen ausgrenzen.

Es ist immer wieder beeindruckend, welche Aussagen ich von Menschen höre, die gelernt haben, in dieser Weise mit ihrer Angst, ihrer Trauer umzugehen: „Ich frühstücke jeden Morgen mit meiner Angst, aber sie stört mich nicht mehr, wir kennen uns ja inzwischen. Und ich verdanke ihr das bewusste Erleben all der positiven Dinge im Leben." Oder: „Ich habe gelernt, meine Trauer als kostbares Gefühl zu erleben, dem ich viel zu verdanken habe." Dies sind wahrhaft erstaunliche Äußerungen und dennoch sind es (sinngemäße) spontane Worte von betroffenen Menschen*.

Es gibt drei schlichte Sätze, die wahrhaftig Ihr Leben grundsätzlich verändern können, wenn Sie bereit sind, diese Sätze zu verinnerlichen:

Es ist, wie es ist.
Ich akzeptiere, wie es ist.
Und nun gehe ich den nächsten Schritt.

Wohl gemerkt: Akzeptieren heißt nicht, dass Ihnen zugemutet wird, die Situation angenehm zu finden oder sich gar darüber zu freuen. Gewiss nicht. Es heißt lediglich, dass Sie aufhören, die Umstände und die Gefühle der Gegenwart zu bekämpfen, mit ihnen zu hadern. Dies ist wie ein Kampf gegen eine Wand:

Sie bekommen allenfalls eine „blutige Nase" und verlieren Energie. Die Wand aber bleibt stehen. Und mit verlorener Energie haben Sie größere Schwierigkeiten, in Ihrem Leben zu Lösungen zu kommen. Akzeptieren bedeutet also nicht, in Ihrem Leben passiv alles hinzunehmen. Es heißt, *bessere* Möglichkeiten zu entdecken, Ihre Probleme zu lösen und mehr Lebensfreude zu finden.

Auf die Frage, ob es das Ziel sei, angstfrei zu leben, antwortete ich mit einem „Jein". Sie mögen an dieser Stelle eventuell nur ahnen, was am Schluss dieses Buches noch deutlicher wird:

---

* Siehe auch „Brief an die eigene Angst" im Anhang.

Sobald Sie die Angst annehmen,
verliert sie an Macht über Sie.

Wenn Sie aufhören, Ihre Energien in dem (sinnlosen) Kampf gegen die Angst zu vergeuden, wird es Ihnen möglich sein, zunehmend den Gegenpol der Angst zu spüren: das Vertrauen. Und je mehr Vertrauen Sie haben, umso weniger wichtig wird die Angst, die Sie jedoch weiter in sich spüren! Aber Sie fühlen sich von ihr nicht mehr bedroht und Sie fürchten sich nicht mehr davor! Und sie kann sich nicht in Ängste übersteigern. Wenn Sie beide Pole in sich spüren, (erst) dann ist es möglich, auch das Spannungsfeld der Energie zwischen diesen Polen, also die Lebensenergie, zu spüren.

Sicher kennen Sie folgenden Gedanken:

- „Nur wenn ich *keine* Angst habe, geht es mir gut, bin ich zufrieden und habe Vertrauen".

Dahinter steht jedoch der spiegelbildliche Satz:

- „Und wenn ich *doch* Angst habe, geht es mir schlecht, bin ich unzufrieden und habe kein Vertrauen."

Dieser Satz tut zuverlassig seine Wirkung. Darum drehen Sie den ersten Satz doch einfach mal um:

- „Wenn ich dafür sorge, dass es mir gut geht, ich in meinem Leben zufrieden bin und Vertrauen finde, dann habe ich auch keine Ängste mehr bzw. hat die Angst keine Macht mehr über mich".

Dabei ist es wichtig, sich immer wieder vor Augen zu halten, dass die Angst in ihrer Grundnatur etwas vollkommen Natürliches ist und uns Menschen beschützt. Es geht um die Verhinderung der unnatürlichen Übersteigerung.

Ich denke an eine gute Freundin, die häufig unter Lebensängsten litt. Wir redeten oft darüber und es waren gute Gespräche. Dabei wurden auch einige Hintergründe ihrer Ängste deutlich. Eines Tages fielen mir abends bei einem guten Glas Wein spontan einige Sätze ein, die ihr offenbar so gut taten, dass sie mich bat, diese sogleich auf einen Zettel zu schreiben. Sie sagte, dass diese Sätze eine wunderbare Wirkung auf sie hätten und dass sie spüre, wie ihre innere Umklammerung deutlich nachlasse. Sie erlebte dies wie eine Befreiung. Das sind die Sätze, die ich damals formuliert habe:

Hab keine Angst vor der Angst:
Sie zeigt, dass du lebendig bist, sie zeigt dir den Weg.
Nimm sie an, sie tut dir nichts, denn sie will,
dass du glücklich wirst.

Diese Sätze mögen auf viele Menschen rätselhaft wirken oder auch auf Widerspruch stoßen. Ich denke, in diesem Fall werden Sie diese Sätze am Ende des Buches eher verstehen. Es bleibt aber Tatsache, dass sie auch später bei dieser Freundin eine heilende Wirkung zeigten.

Grundzüge aus der Angsttherapie

Für den Umgang mit den alltäglichen Ängsten, der ständigen Besorgtheit und der Zukunftsangst ist es sinnvoll und notwendig, die wichtigsten Zusammenhänge aus der Angsttherapie (wie sie z.B. bei der Platzangst angewendet wird) zu kennen. Sie werden dann auch in den vielfältigen Situationen Ihres persönlichen Lebens bessere Möglichkeiten finden, mit Ihrer Angst umzugehen, sie zu „entmachten“ und wieder Vertrauen zu finden. Hierbei werden im Wesentlichen zwei Bereiche deutlich, in denen Veränderungen bisheriger Muster und Gefühle möglich sind – gedankliche Korrekturen und praktische Übungen mit der Angst (ab Seite 115).

Gedankliche Korrekturen

Betrachten Sie noch einmal aufmerksam den ersten Teufelskreis der Angst (Seite 63). Zwischen der Wahrnehmung und der Angst befinden sich die Gedanken. Die Gedanken also gehen der Angst unmittelbar voraus. Ich sagte schon: Sie haben nicht Angst vor Ihren Symptomen bzw. Ihrer Situation, sondern Sie haben letztlich Angst vor Ihren eigenen Gedanken und Visionen, zu denen Sie sich in dieser Situation (unbewusst) entschieden haben! Dies gilt natürlich für das Herzrasen in engen Räumen ebenso wie für den Umstand, vor einer schwierigen Herausforderung oder einer ungewissen Zukunft zu stehen.

Gefühle sind Folge von Gedanken. Wenn also das Gefühl verändert werden soll, ist es erforderlich, die Gedanken zu ändern! So einfach – und so schwer.

Sie kennen ja schon den elementaren Grundsatz, den ich Ihnen gleich zu Beginn vorstellte und den ich hier etwas einfacher formuliere:

Nicht eine Situation macht Sie fertig,
sondern wie Sie darüber denken.

Damit hat schon der Philosoph Epiktetos (ca. 50 bis 130 n.Chr.!) gewissermaßen den Grundstein der modernen Angsttherapie gelegt.

Natürlich sind wir Menschen durchaus in der Lage, ein und denselben Sachverhalt unterschiedlich zu bewerten. Natürlich haben wir die Freiheit der Entscheidung und sind nicht verpflichtet, nur in einer bestimmten Weise über etwas zu denken. Sind wir nicht immer stolz gerade auf diese Freiheit? Warum wird sie so selten genutzt?

Ich habe oft folgenden Dialog geführt mit Menschen, die unter typischen Angstanfällen, verbunden mit Herzrasen und den wachsenden Ängsten (z.B. vor einem Herzinfarkt) litten:

„Stellen Sie sich mal vor, Sie würden nun einen Dauerlauf von 200 Metern machen. Wie schnell schlägt dann Ihr Herz?"

„Sehr schnell, wohl doppelt so schnell."

„Und haben Sie Angst dabei?"

„Natürlich nicht!"

„Warum haben Sie keine Angst?"

„Weil ich weiß, warum das Herz so schnell schlägt."

„Und warum haben Sie Angst, wenn das Herz in engen Räumen schnell schlägt? Es ist doch das gleiche Symptom!"

„Da weiß ich ja nicht, warum das Herz so schnell schlägt!"

Ist es Ihnen deutlich geworden? Das Wissen um die *Ursache* hat dazu geführt, dass keine Ängste entstanden. Im anderen Fall aber ist die Ursache (zunächst) unbekannt. Warum aber, und das ist eine wichtige Frage, reicht allein der Umstand, dass etwas unbekannt ist, aus, um Ängste zu haben? Hier wird doch eine der erwähnten Grundannahmen deutlich: Unbekannt ist gefährlich. Diese Grundannahme kann zu folgender Logik führen:

1. Unbekanntes ist gefährlich.
2. Zukunft ist unbekannt.
3. Also ist die Zukunft gefährlich.

Wenn Sie tatsächlich diese Grundannahme in sich tragen, haben Sie ein Problem. Denn immer dann, wenn Sie etwas nicht wissen, melden sich die Ängste vor dem Unbekannten.

Dabei zeigen sich bereits einige der geschilderten gedanklicher Fehler: Wenn etwas „unbekannt" ist, dann ist doch zunächst *möglich,* dass es „positiv" oder „negativ" ist. Nun aber wird ein geistiger Filter verwendet, der „positiv" ausblendet und lediglich „negativ" wahrnimmt. Diesem Negativen wird also die höchste Aufmerksamkeit gewidmet. Sie wissen, dass dies das Negative noch verstärken wird. Daraus werden nun, obwohl nur ein Teil der Möglichkeiten des Unbekannten gesehen wird, bereits voreilige Schlussfolgerungen gezogen, und es entstehen entsprechende Visionen, die verständlicherweise als bedrohlich erscheinen.

Wenn Sie nun der Einfachheit halber annehmen, dass 50 % der möglichen Ursachen eines schnellen Herzschlages harmlos sind („positiv") und diese Möglichkeit *nicht* ausblenden, dann haben sich Ihre negative Vision und die damit verbundenen Ängste bereits halbiert! Das wäre doch schon etwas, nicht wahr?

Wenn man Menschen mit Angstanfällen in engen Räumen und Beklemmungen in der Brust fragt, wie hoch sie die Wahrscheinlichkeit einschätzen, während eines solchen Zustandes tatsächlich zu ersticken, so wird man meist die Antwort erhalten: „*95%*". Fragt man aber denselben Menschen, wie hoch er jetzt, während es ihm gut geht, die Wahrscheinlichkeit einschätzt, bei einem solchen Angstanfall zu ersticken, so heißt die Antwort immer: „Etwa 5 %"! Sie sehen, dass es ohne weiteres möglich ist, über ein und dasselbe Symptom unterschiedlich zu denken!

Durch geistige Filter werden wichtige Informationen ausgeblendet.

Ich schilderte bereits den Fall, dass ein Mann im Fahrstuhl einen Angstanfall bekam. Beim nächsten Fahrstuhlfahren befindet er sich bereits in einem erhöhten inneren Anspannungszustand und wird, wenn der Fahrstuhl kurz ruckelt, sofort an etwas Schlimmes denken und Ängste verspüren. Die anderen Menschen im Fahrstuhl mögen keine Ängste fühlen, weil sie diese Gedanken nicht haben. Aber: Es ist der gleiche Fahrstuhl und das gleiche Ruckeln! Auch wenn es hier verschiedene Menschen betrifft: Natürlich ist es möglich, über ein und dieselbe Situation unterschiedliche Gedanken zu haben.

Diese unterschiedlichen gedanklichen Bewertungen lassen sich in unserem gesellschaftlichen Leben nun wirklich tagtäglich finden. Ich erlebe es immer wieder, dass manche Ereignisse, auch wenn sie heftig und unangenehm sind, einfach ausgeblendet bzw. ignoriert werden, während andere Ereignisse, die weit weniger deutlich oder bedeutsam sind, herausgegriffen und wie mit einem Vergrößerungsglas angesehen werden. Wenn Sie sich aufmerksam umschauen, werden Sie ständig diese „verzerrte Wahrnehmung" finden. Einige Beispiele:

Es sterben auf Deutschlands Straßen jährlich über 7000 Menschen. Diese Tatsache wird meist ohne großen Kommentar fast gleichgültig als gegeben hingenommen. Ich werde hier keine Wahrscheinlichkeitsrechnung aufmachen, aber die Möglichkeit, auf der Straße zu beträchtlichem gesundheitlichen Schaden oder auch zu Tode zu kommen, besteht in durchaus realistischem Ausmaß. Ich erlebe es aber sehr selten, eigentlich nie, dass dieser Umstand, der nun wirklich jedem bekannt ist, einen Menschen davon abhält, sich bei nächster Gelegenheit in das Auto zu setzen und zu fahren, auch wenn es nicht zwingend notwendig sein mag. Die Möglichkeit, zu Schaden zu kommen, wird also entweder nicht gesehen bzw. ausgeblendet (um sich z.B. den Spaß am Fahren nicht verderben zu lassen), oder aber es wird dieser Wahrscheinlichkeit nicht viel Einfluss gegeben, d.h. die Angst vor einem Unfall wird nicht als bedrohlich empfunden.

Wie viele Zigtausende sind täglich unterwegs! Ich denke nicht, dass alle mit Angstschweiß am Steuer sitzen, sondern sich im Wesentlichen wohl fühlen – und dies bei der reellen Möglichkeit, zu den tausenden von Toten oder den zigtausenden von Schwerverletzten zu gehören! Das ist schon erstaunlich, nicht wahr? Die jährlichen tödlichen Folgen des Rauchens (ca. 95 000 Tote) und des Alkohols (ca. 40000 Tote) zeigen eindrucksvoll, dass realistische Gefahren nicht unbedingt zu Ängsten führen.

Offensichtlich ist es nicht unmöglich, sich auch in realistischen Gefahrenmomenten bewusst für jene Gedanken zu entscheiden, die eine Gelassenheit zur Folge haben. Was sollte Sie daran hindern?

Es ist möglich, trotz realistischer Gefahren sich zu entscheiden, gelassen zu bleiben.

Als Kontrast hierzu denke ich an die vielen Menschen, die sich vor Gewittern fürchten. Ich las einmal, dass 1994 an den Folgen eines Blitzschlages in Deutschland fünf Menschen (von 80 Millionen = jeder 16-millionste Mensch!) den Tod fanden. Wird hier nicht eine gedankliche Verzerrung in hohem Ausmaße deutlich? Ich vermute ähnliche verzerrte Wahrnehmungen, wenn es um andere Gefahren im Leben geht.

Dass es ohne weiteres möglich ist, über die Symptome eines Angstanfalles auch anders zu denken, zeigt Ihnen die Tatsache, dass tagtäglich eine Unzahl von Menschen diese Symptome gezielt herbeiführen, sie lustvoll genießen und ihren Spaß daran haben! Das glauben Sie nicht? Denken Sie an einen unverzichtbaren Bestandteil einer jeden Kirmes, eines Vergnügungsparks: die Geisterbahn, die Achterbahn und Ähnliches. Die Symptome beim Erschrecken und bei der Angst werden geradezu als „geil“ empfunden, sie geben den richtigen „Kick“. Oder denken Sie an das Bungee-Springen, bei dem man sich an einem dicken Gummiseil in die Tiefe stürzt.

Viele Menschen suchen und genießen lustvoll die Symptome der Angst.

Während der Arbeit in meiner Frauenarztpraxis gibt es immer wieder Momente, in denen diese gedanklichen Verzerrungen deutlich werden. So geschah es z.B., dass eine Frau vor mir saß und sich voller Zweifel und Skepsis über die Gebärmutterspirale als Verhütungsmittel beraten ließ. Sie zeigte sich ängstlich, weil sie so viel von Nebenwirkungen und Risiken gehört habe. Einerseits war die Aussicht auf eine lustvolle Sexualität ohne „Verhütungsstress" sehr attraktiv, andererseits war sie durch die Berichte, die sie gelesen und gehört hatte, beunruhigt. Ich bemühte mich um ausführliche und möglichst objektive Information, auch mit Hinweis auf die statistisch denkbar geringe Wahrscheinlichkeit bei einer Zahl von ca. einer Million Frauen in Deutschland, die eine Spirale tragen und im Allgemeinen sehr zufrieden sind. Auch meine eigenen positiven Erfahrungen bei 1000 eingelegten Spiralen in meiner Praxis schienen sie nicht zu beruhigen. Und so verließ sie letztlich voller weiterer Zweifel die Praxis. Soweit ist dies sicher nachvollziehbar und ich hatte kein Problem damit, der jungen Frau die Freiheit ihrer eigenen Entscheidung zu lassen. Aber geradezu fassungslos stand ich vor dem Wissen, dass diese Frau mit dieser skeptischen Haltung mit aller Selbstverständlichkeit täglich 20 Zigaretten rauchte!

Wie kann dies geschehen? Wie ist es möglich, fast 100000 Todesfälle wegen des Rauchens zu ignorieren? Wie war es ihr möglich, das Wissen um Schädigung und verstärke Alterung der Haut durch die chronische Minderdurchblutung (und dies bei dem derzeitigen Schönheitstrend!), das Wissen um eine eingeschränkte Fruchtbarkeit (bei oft vorhandenem späteren Kinderwunsch!), die drastische Erhöhung von Herzinfarkt und Lungenkrebs usw. einfach auszublenden und nicht zur Kenntnis zu nehmen? Und falls sie all das zur Kenntnis nahm, wie war es ihr möglich, dies für sie als unerheblich zu bewerten?

Ich muss zugeben: Ich weiß es nicht. Ich weiß aber eines: Es ist möglich!

Es ist möglich, große Risiken auszublenden oder als geringfügig zu bewerten, sowie kleine Risiken herauszugreifen und als erheblich einzustufen.

Und dies geschieht in aller Selbstverständlichkeit tagtäglich zigtausende Male. Sie entscheiden darüber selbst, kein anderer.

In diesem Fall zeigt sich aber auch eine weitere Schwierigkeit, die ich später beim „Umgang mit Nachrichten" ausführlicher erörtern werde. So passiert es immer wieder, dass negative Ereignisse, auch wenn sie selten geschehen mögen, eine schwer zu fassende Faszination auf Menschen ausüben, sodass sie ständig darüber reden. Negative Ereignisse, die nicht stattfinden, also der Umstand, dass alles normal funktioniert, scheint die Menschen kaum zu interessieren. Und so mag es wirklich sein, dass diese Patientin überwiegend negative Dinge gehört hatte, die durch mehrfaches Erzählen noch „bunter" und abschreckender geworden waren. Sie hatte nun allerdings diese Informationen nicht als das gewertet, was sie sind: ein kleiner und übertriebener Ausschnitt aus der Wirklichkeit. Sie hatte sie für die ganze Wirklichkeit gewertet.

Die Fähigkeit, auch anders als bisher über etwas zu denken, eröffnet natürlich auch in zwischenmenschlichen Beziehungen erstaunliche Möglichkeiten und zeigt Wege in ein sehr viel besseres „Miteinander", wie folgendes Beispiel zeigt:

Eine Frau fühlte sich durch eine Bemerkung ihres Mannes sehr gekränkt. Während eines Gespräches hatte er ihr gesagt: „Du kannst doch das Abitur in der Abendschule nachmachen." Beim therapeutischen Aufarbeiten wurde deutlich, welche Gedanken ihrer emotionalen Reaktion vorausgegangen waren: „Ich bin ihm nicht gut genug." Die Folge war die Kränkung. Ich bat sie nun um ein neues „Drehbuch" dieser Szene: Was hätte sie denn noch denken können? Nach längerem Nachdenken kam ein „Er traut es mir zu". Ich fragte nach der Folge dieses Gedankens für sie. „Dann wäre ich stolz!", kam die überraschte Antwort. In der ersten Version „Kränkung", in der zweiten Version „Stolz" – allein aufgrund anderer *eigener* Gedanken!

Ein „neues Drehbuch" schreiben, welch reizvolle Aufgabe! Damit lassen sich im Nachhinein so manche alltäglichen „Betriebsunfälle" aufarbeiten und für künftige Situationen nutzen. In der Fahrschule lernen Sie mühsam, Kupplung, Gaspedal und Bremse richtig zu nutzen. Immer wieder Schritt für Schritt geübt führt es dazu, dass eine sinnvolle Bedienung fast automatisch abläuft.

Es wird nun ganz klar: Es ist zu lernen, die eigene Wahrnehmung und das Bewerten der Wahrnehmung aufmerksam zu „durchforsten" und zu „entrümpeln". Ich erinnere Sie hier an die Ausführungen im Kapitel „Gedankliche Fehler":

Was Sie von Ihrer Umgebung wahrnehmen,

- wird von Ihren *eigenen* Grundannahmen gefiltert und durch Ihre eigenen Gedankenmuster geprägt und verändert,
- ist *nicht* ein objektives, wahres und vollständiges Abbild der Realität,
- ist Ihr *eigener,* subjektiver, persönlich „eingefärbter" Eindruck.

Was Sie wahrnehmen und wie Sie es bewerten,
ist nicht die „objektive Wahrheit der Welt",
sondern lediglich Ihr eigener, subjektiver Eindruck!

Dies ist bei *allen* Menschen so und ist auch gar nicht dramatisch, *solange* es den Betroffenen deutlich bewusst ist.

Ist Ihnen diese Tatsache präsent, sind Sie in der Lage, Ihre eigenen Bewertungen und die damit verbundenen Emotionen zu verändern. Dies mag ungewohnt oder auch schwierig sein. Sie sind aber dann (und nur dann!) in der Lage und bereit, sich um vollständigere Informationen zu bemühen und mit der Veränderung bisheriger Grundannahmen, geistiger Filter und automatischer Gedanken zu beginnen.

Sind wir Menschen nicht so stolz auf unseren Verstand und unsere Intelligenz? Sind wir nicht stolz auf unsere Freiheit, Gedanken verändern zu können und dadurch etwas zu bewegen? Beruht nicht die ganze Weiterentwicklung der Menschheit auf der Fähigkeit, bisherige Gedanken zu verändern? Gedanken haben Macht. Gedanken haben die Tendenz, verwirklicht zu werden. Gedanken sind wie Samen, die auch die vollständige spätere Pflanze in sich tragen. Dies gilt es zu berücksichtigen. Umso weniger kann ich begreifen, dass viele Menschen sich so verhalten, als seien sie geradezu verpflichtet, in bisherigen Bahnen zu denken.

Denken Sie an Kolumbus, der einen neuen Seeweg entdecken wollte. Seine Mannschaft geriet zunehmend in Ängste und Panik und dachte schon an Meuterei. Er selbst jedoch blieb neugierig. Das Ergebnis kennen Sie.

So hat schon allein die gedankliche Entscheidung, das Wort „Angst“ durch das Wort „Neugier“ zu ersetzen, vielen Menschen geholfen. Also fangen Sie doch ganz „klein“ bei sich selbst an! Nutzen Sie die Würde Ihrer Freiheit! Wie heißt es so schön in dem alten Volkslied: „Die Gedanken sind frei!“ Ja, so ist es.

Praktische Übungen mit der Angst

Ich schilderte Ihnen bereits, dass es nicht das Ziel sein kann, die Angst zu vermeiden, zu verdrängen oder gar zu eliminieren. Es sollte nicht vergessen werden, dass die Angst als natürlicher Mechanismus zu unserem Schutz vorhanden ist. Sie ermöglicht, *ohne* die Eskalierung durch den Teufelskreis, eine Steigerung unserer Aufmerksamkeit und Leistungsfähigkeit.

Es geht also ganz einfach darum, sich an die Angst zu gewöhnen, sich vor ihr nicht mehr zu fürchten. Wie können Sie sich an einen anderen Menschen gewöhnen? Indem Sie ihm immer aus dem Weg gehen und den Kontakt mit ihm vermeiden? So wird es nicht funktionieren. Er wird Ihnen eher unheimlich und er bekommt Macht über Sie, weil er Ihr Verhalten beeinflusst, indem Sie ihm aus dem Weg gehen! Erst wenn Sie immer wieder die Nähe dieses Menschen aufsuchen, wird er Ihnen allmählich vertraut. Genauso ist es mit der Angst.

Um sich an die Angst zu gewöhnen, müssen Sie also immer wieder die Nähe zu dieser Angst suchen, sie immer wieder in sich spüren. Mir ist wohl bewusst, dass Sie vielleicht allein bei dieser Vorstellung eine Gänsehaut bekommen mögen. Sie mögen einigermaßen fassungslos fragen: Wo ich doch so sehr unter der Angst leide, soll ich mich nun an diese Angst gewöhnen? Auch hier habe ich die schlichte und umwerfende Antwort: Ja.

Ich will es Ihnen erläutern. Natürlich ist es nicht das Ziel, das Leid, das durch die Angst entsteht, zu vermehren! Das Ziel heißt natürlich, unter der Angst *nicht* mehr zu leiden!

Sie haben bereits von den gedanklichen Möglichkeiten gehört. Nun geht es um das praktische Erleben. Dies hat den Vorteil, dass Menschen unterschiedliche Möglichkeiten haben, ihre Probleme zu verändern. Mag der eine mehr von einem gedanklichen Weg profitieren, kommt der andere über die praktische Erfahrung weiter. Meist erweist sich eine Mischung aus beiden Elementen als sehr erfolgversprechend. Wenn Sie diese Möglichkeiten offen und aufgeschlossen verinnerlichen, dann können Sie gewiss sein, dass es Ihnen bald viel besser gehen wird! Dies ist eine aus der weltweiten Angsttherapie gesicherte Erkenntnis.

Was ich Ihnen nun kurz schildern werde, kommt z.B. in der Therapie der Platzangst mit sehr gutem Ergebnis intensiv zur Anwendung. Auch wenn es in diesem Buch um die Zukunftsängste geht, ist das Wissen um diese Zusammenhänge zumindest in Grundzügen unverzichtbar und wird Ihnen bei dem Umgang mit Zukunftsängsten hilfreich sein. Daher meine Empfehlung: Seien Sie neugierig auf diese Zusammenhänge.

Stellen Sie sich folgende Szene vor: Sie haben Platzangst und gehen dennoch in ein kleines Geschäft mit vielen Menschen, weil Sie unbedingt etwas kaufen wollen. Plötzlich wird Ihnen heiß und kalt, das Herz beginnt zu rasen, Sie spüren zunehmende Beklemmungen in der Brust, Ihnen wird schwindelig und Sie spüren eine immense und wachsende Angst. Sie scheinen es bald nicht mehr auszuhalten und stürzen hinaus ins Freie. Dort lehnen Sie sich an die Hauswand, schnaufen tief durch und spüren, wie die Symptome allmählich nachlassen, das Herz sich beruhigt etc. Nach einer Viertelstunde geht es Ihnen wieder gut. So weit, so schlecht.

Was ist passiert? Sie haben einen Angstanfall erlitten. Sie haben gespürt, wie der Anspannungspegel ständig stieg. Was aber war aus Ihrer Sicht daran so gefährlich? Warum war es Ihnen nicht möglich, einfach zu sagen: „Ok, das Herz schlägt doppelt so schnell; mal sehen, wie's weitergeht." In den Angstgruppen, die ich leitete, habe ich auf diese Frage immer höchst erstaunte oder auch empörte Mienen gesehen, nach dem Motto: Wie kann man nur so blöd fragen! Weiß der Doktor denn nicht, wie schlimm das ist?

Natürlich wusste ich das. Mir ging es aber um das genaue Wissen um den Faktor, der letztlich die Flucht ausgelöst hat. Fragte ich, was denn für Gedanken im besagten Moment bestanden hatten, gab es klare Antworten, z .B.: „Ich bekomme einen Herzinfarkt.“ Der Herzinfarkt war aber in diesem Moment keine Realität, sondern lediglich eine Vision, die eigene Fantasie. Sie sind also aus diesem Geschäft wegen Ihrer eigenen Fantasie geflüchtet. Das Fatale daran ist, dass der Umstand, dass es Ihnen nach der Flucht draußen wieder besser geht, für Sie den Beweis darstellt, dass es tatsächlich zu einem Herzinfarkt gekommen wäre, wenn Sie *nicht* geflüchtet wären. Denn *nur weil* (!) Sie geflüchtet sind, ist es Ihnen besser gegangen!

Und was ist nun mit Ihrer Vision, mit Ihrer Fantasie? Hat sie sich aufgelöst? Sie ahnen es wohl schon: Nein, natürlich nicht. Diese Fantasie eines drohenden Herzinfarktes bei einem Angstanfall bleibt Ihnen erhalten. Können Sie sich den Ablauf vorstellen, wenn Sie das nächste Mal solch ein Geschäft betreten (falls Sie überhaupt noch dorthin gehen)? Ihr innerer Anspannungspegel wird deutlich erhöht sein und somit wird es viel wahrscheinlicher zu einem Angstanfall kommen.

Sie werden also, wenn Sie bei einem Angstanfall flüchten, einige Orte nicht mehr aufsuchen (können) und häufiger Angstanfälle bekommen. Dies ist damit die Realität, die es zu verändern gilt. Wie können Sie das erreichen?

Es ist notwendig, sich mit der Angst vertraut zu machen.

In diesem Fall heißt das ganz konkret, zunächst zusammen mit einer therapeutischen Begleitung genau dieses

Geschäft aufzusuchen. Es wird dann vermutlich das passieren, was Sie schon kennen. Sie erleben einen Angstanfall. Der Unterschied ist nun, dass Sie *nicht* (!) flüchten, sondern diese Symptome „einfach" aushalten. Es gibt dazu einige vorher besprochene Hilfsmaßnahmen und die Begleitung durch den Therapeuten unterstützt Sie. Was wird wohl passieren? Wird die eigene Fantasie Realität werden? Was meinen Sie?

Es wird immer dasselbe geschehen: Die innere Anspannung wird noch etwas steigen, die Symptome werden noch etwas intensiver – aber nur in einem sehr begrenzten Ausmaß. Die Steuerungsvorgänge des Körpers sorgen *immer* dafür, dass die Ereignisse nicht entgleisen. Während Sie also, evtl. gehalten durch den Therapeuten, in dieser Situation verharren, tritt nach wenigen Minuten (die einem durchaus zunächst lang vorkommen können) eine Reduzierung der Symptome ein! Sie werden eine erste Entlastung und Erleichterung spüren, der Anspannungspegel sinkt allmählich. Es wird im Allgemeinen 10 bis 20 Minuten dauern, bis es Ihnen wieder (halbwegs) gut geht – wohlgemerkt: Sie befinden sich immer noch innerhalb dieses Geschäftes! Und jetzt, nach dem Ende des Angstanfalles, gehen Sie wieder ins Freie.

Ich habe es oft erlebt, wie Menschen in dieser Situation reagieren: Ich habe wahre Jubel- und Freudenausrufe gehört! „Ich habe es geschafft!!! Yipieee!!!" Sie haben sich der Angst gestellt, sie angenommen und ausgehalten. Und nun fühlen Sie sich wie befreit! Es besteht allerdings zunächst auch eine große Erschöpfung, denn Angst ist ein Mechanismus, der Energie bereitstellt. Und in einem Angstanfall wird diese Energie verbraucht, um den Teufelskreis der Angst hochzudrehen. Darum fühlen sich viele Menschen anschließend zunächst erschöpft – aber glücklich. Und frische Energie, die aus dieser Erfahrung resultiert, lässt nicht lange auf sich warten.

Mit dem Annehmen der Angst entmachten Sie die Angst.

Natürlich ist es nicht mit einem Mal getan. Es sind wiederholte Übungen notwendig, die ein einziges Ziel haben, das zunächst widersinnig erscheint: einen Angstanfall auszulösen. Eine Übung, bei dem ein Angstanfall mal ausbleibt, mag zwar ganz angenehm sein, aber der Lerneffekt ist dann gleich null.

Denken Sie daran, dass Sie Angst vor Ihrer Vision (*nicht* vor einer Realität!) haben. Es ist eine Hypothese, eine Annahme, was passieren *könnte*. Was tut ein Physiker, der eine Hypothese entwickelt hat? Er macht ein Experiment, um den Wahrheitsgehalt seiner Annahme zu testen. So sind auch die Übungen zur Gewöhnung an die Angst zu sehen: ein Experiment, um den Wahrheitsgehalt der eigenen Vision zu überprüfen. Aus jahrzehntelanger Erfahrung in der Angsttherapie können Sie sicher sein, dass Ihnen dieses Experiment nicht „um die Ohren fliegt"!

Ich kann Sie deshalb nur ermuntern, in den vielfältigen Alltagssituationen dieses „Experiment" durchzuführen. Sie werden spannende Ergebnisse finden! Im nächsten Kapitel „Vertrauen" werden Sie mehr darüber lesen.

So ist es durchaus möglich, durch gezielte Übungen einen neuen Umgang mit der Angst zu lernen und sich davor nicht mehr zu fürchten. Ich denke dabei an eine eindrucksvolle Passage aus dem *Deutschen Requiem* von Johannes Brahms, in dem der Chor im vorletzten Teil leidenschaftlich-triumphierend fragt: „Tod, wo ist dein Stachel? Hölle, wo ist dein Sieg?" (Sehr zum Hören empfohlen!) Dies lässt sich auch nach diesen Übungen fragen:

„Angst, wo bleibt deine Macht?“

Hier schließt sich der Kreis und Sie spüren, wie die beiden Möglichkeiten, einen anderen Umgang mit der Angst zu lernen, der gedankliche und der praktische Weg, sich treffen. Ich hatte Ihnen oben einen problematischen „Nur wenn“-Satz formuliert: „Nur wenn ich flüchte, werden meine Symptome und meine Angst besser.“

Damit wird aber der spiegelbildliche Satz bestätigt: „Und wenn ich nicht flüchte, werden die Symptome und meine Angst immer größer und es wird das geschehen, was ich befürchte.“

Dieser Satz hat natürlich seine Wirkung! Mit dieser beschriebenen Übung aber haben Sie bereits selbst gespürt, dass der folgende Satz richtig ist und beginnt, seine Wirkung in Ihnen zu zeigen:

- „Auch wenn ich *nicht* flüchte und meine Angst zunächst aushalte, geht es mir letztlich auch wieder gut.“

So ist es. Dies ist der Beginn eines völlig neuen Lebensgefühls. Wenn Sie wissen, dass es Ihnen auch gut gehen kann, wenn Sie nicht flüchten, dann haben Sie zunächst einen freien Aktionsradius: Sie können hingehen, wohin Sie wollen, Sie brauchen keine Situation mehr zu vermeiden. Sie halten nicht mehr ängstlich Ausschau, damit Sie bloß nicht in eine Situation geraten, in der Sie Angst bekommen könnten. Dieses ängstliche Ausschauhalten kann Ihnen gewiss Ihr Lebensgefühl vermiesen und Sie werden sich damit wohl kaum wohl fühlen können.

Dies lässt sich natürlich auch auf Zukunftsängste jeglicher Art übertragen. Mit einem „ängstlichen Ausschauhalten“ werden Sie sich in Ihrem Leben kaum so fühlen, wie Sie es sich vorgestellt haben. Hierzu ist jedoch etwas ganz Elementares wichtig, dem ich das nächste Kapitel widme: das Vertrauen. Wenn Sie sich auf die Suche nach dem Vertrauen begeben, dann wird das Ergebnis heißen: Sie haben Ihre Freiheit wieder!

Umgang mit der Angst

Wie Sie auf Ängste reagieren, ist Ihre Entscheidung

- Wenn Sie etwas bekämpfen, dann signalisieren Sie, dass es diesen Kampf wert ist und Macht über Sie hat.
- Bedeuten Ängste eine Bedrohung? Kann Bekämpfen der Ängste, kann also Krieg zu Lösungen führen?
- Gefühle, die untrennbar zu Ihnen gehören, können für Sie nie gefährlich werden! Keine „Angst vor der Angst"!
- Ignorieren der Angst kann diese verstärken.
- Ein Leben ohne Angst kann es nicht geben. Es gibt gute Möglichkeiten, mit der Angst sinnvoll umzugehen.
- Sobald Sie die Angst annehmen, verliert Sie an Macht. Dann erst können Sie Ihre Aufgabe in der Angst sehen.
- Sie sind nicht verpflichtet, nur in einer bestimmten Weise über etwas zu denken, sondern Sie haben die Freiheit.
- Es ist möglich, große Risiken als geringfügig anzusehen, sowie kleine Risiken als erheblich einzustufen.
- Viele Menschen suchen und genießen lustvoll die Symptome der Angst.
- Was Sie wahrnehmen, ist nicht die „objektive Wahrheit der Welt", sondern Ihr eigener, subjektiver Eindruck!
- Die ganze Weiterentwicklung der Menschheit beruht auf der Fähigkeit, bisherige Gedanken zu verändern.
- Nehmen Sie Ihre Angst als Hypothese und überprüfen Sie diese in einem praktischen Experiment.
- Stoßen Sie die Tür auf, vor der Sie sich am meisten fürchten, denn dahinter wartet das Ende Ihrer Angst.

Vertrauen

Nicht das Problem fixieren, sondern an eine Lösung glauben

Allgemeine Aspekte des Vertrauens

Es ist nun an der Zeit, die Angst zunächst zu verlassen und die Aufmerksamkeit dem Gegenpol der Angst, dem Vertrauen, zu widmen. Es ist ja das Ziel, der Angst weniger Einfluss und Gewicht zu geben. Vielmehr soll das gestärkt werden, was der Angst gegenübersteht und ohne das wir unser Leben nicht sinnvoll gestalten können.

Ein Leben ohne Vertrauen ist nicht möglich.

An dieser schlichten Wahrheit können Sie nicht rütteln. Das Vertrauen begleitet Sie ständig in Ihrem Alltag, ohne dass Sie dies oft bewusst spüren. Ich scheue mich nicht, ganz banale Beispiele zu nennen.

Wenn Sie ein Glas Marmelade kaufen, dann vertrauen Sie darauf, dass die Herstellung korrekt abgelaufen ist und die richtigen Zutaten verwendet wurden (oder haben Sie die Herstellung selbst beobachtet?). Sie vertrauen darauf, dass die Menschen, die dieses Produkt geprüft und zugelassen haben, ihre Arbeit korrekt durchgeführt haben usw. Ohne dieses Vertrauen müssten Sie auf diese Marmelade verzichten oder sie selbst herstellen. Das mag hier zwar durchaus noch durchführbar sein, aber wollen Sie dies dann bei allen Fertig-Lebensmitteln auch tun?

Wenn Sie auf der Straße sind, dann vertrauen Sie darauf, dass der andere Autofahrer seinen Führerschein gemacht hat, weiß, wie man Auto fährt, und aufmerksam genug ist, Sie zu sehen. Wenn Sie dieses Vertrauen nicht haben, dann bleibt Ihnen nichts anderes übrig, als mit ständiger Angst auf der Straße zu sein oder aber zu Hause zu bleiben. Zu Hause aber müssen Sie darauf Vertrauen, dass der Architekt die Statik der Zimmerdecke richtig berechnet, die Behörde alles sorgfältig geprüft und die Baufirma handwerklich korrekt gearbeitet hat.

Aber der Begriff „Vertrauen" ist zu wichtig, um es bei diesen alltäglichen Beispielen zu belassen. Es geht Ihnen ja besonders um die wichtigen Zusammenhänge und Ereignisse in Ihrem Leben, ganz besonders natürlich der Zukunft, die vor Ihnen liegt. Sie haben bestimmte Ziele, die Sie erreichen möchten, und sei es nur, dass Sie sich wohl fühlen, gesund bleiben und von „Schicksalsschlägen" verschont bleiben. Sie möchten, dass Sie für die gegenwärtigen Probleme gute Lösungen finden oder dass sich die gegenwärtige Lage auf der Welt verbessert. Sie wünschen sich dies natürlich auch für die künftigen Ereignisse, die in Ihrer Vorstellung problematisch oder schwierig sein könnten. Es fällt Ihnen vielleicht immer wieder sehr schwer, hier Vertrauen zu haben.

Ich schildere Ihnen eine kleine Szene, die schon zahlreiche Menschen zum Nachdenken angeregt und ihnen geholfen hat, sich auf den Weg zu machen, das Vertrauen, das sie nicht haben, künftig doch zu finden.

Stellen Sie sich vor, Sie sagen einem befreundeten Menschen: „Du, ich bitte dich um einen Gefallen, aber: Ich misstraue dir." Wie wird wohl diese Person reagieren? Zunächst höre ich oft den empörten Einwand: „So was würde ich doch nie sagen!" Und warum nicht? „Das macht doch keinen Sinn! Wie kann ich ihn bitten, wenn ich ihm misstraue?" Das mag wohl so sein, aber nehmen wir mal an, Sie sagen es wirklich: Was wird der andere tun? Nun, er wird sich wohl sicherlich an die Stirn tippen und etwas von „Spinnst du?" murmeln. Oder er wird sagen: „Dann mach deinen Kram doch allein!"

Klare Sache: So kann es nicht funktionieren. Und dennoch sagen zahllose Menschen *genau dies* ihrem eigenen Leben!

„Ich möchte, dass du, mein künftiges Leben, mir einen Gefallen tust (z.B. Lösung meines Problems), aber ich misstraue dir." Dies soll plötzlich funktionieren?! Gesetzmäßigkeiten funktionieren immer in *einer* Weise, wie im Kleinen so im Großen. Es nützt nichts, Gesetzmäßigkeiten des Lebens nach Beliebigkeit als zutreffend oder unzutreffend zu bezeichnen und sie anzuwenden oder auszublenden. Der Apfel fällt immer zu Boden, wenn Sie ihn loslassen, ob Ihnen das gerade gefällt oder nicht.

Haben nicht viele Menschen tatsächlich das Gefühl, von ihrem Leben „den Vogel gezeigt" zu bekommen? Wie viel Enttäuschung, Wut oder Resignation kann hieraus entstehen und bestimmt die Realität dieser Menschen! Es ist manchmal kaum zu glauben, dass das Wissen zwar vorhanden ist (z.B. in der Szene mit dem Freund), aber dennoch im eigenen Leben kaum angewendet wird. Das Resultat ist entsprechend. Und über dieses Resultat wird auch noch heftig gejammert (also nicht selbst die Verantwortung für eigenes Handeln übernommen, damit gehadert (und somit Energie vergeudet) – und dann werden sogar andere als schuldig angesehen!

Schauen Sie sich den „Empfänger" Ihres Misstrauens einmal genauer an: Es ist das Leben, eine Instanz mit unbegrenzten Möglichkeiten! Je nach eigener Überzeugung können Sie auch Gott, den Kosmos etc. dahinter sehen. Aber ausgerechnet einer Instanz mit unbegrenzten Möglichkeiten trauen Sie nicht zu, eine Lösung Ihres Problems zu kennen? Ist Ihr Problem denn größer als das

Leben? Übersteigt Ihr Problem tatsächlich die Kompetenz des Lebens? Dem Leben stehen nun wirklich *alle* erdenklichen Möglichkeiten zur Verfügung! Wie kann es gelingen, darauf *nicht* zu vertrauen? Ich weiß es wirklich nicht.

Trauen Sie der Instanz mit unbegrenzten Möglichkeiten keine Lösung Ihrer Probleme zu?

Es ist von entscheidender Wichtigkeit, an dieser Stelle sich die Gesetzmäßigkeit der Resonanz im Leben vor Augen zu halten. Dieses Prinzip besagt Folgendes: Gleiches zieht Gleiches an und wird durch Gleiches (gegebenenfalls noch verstärkt) ergänzt. Der Volksmund sagt es sehr zutreffend: „Wie man in den Wald hineinruft, so schallt es heraus", oder „Wer Wind sät, wird Sturm ernten."

In meinen therapeutischen Gesprächen nehme ich gern die Stimmgabel, um dies zu demonstrieren. Ich habe im Kapitel „Resonanz" das Prinzip bereits kurz beschrieben. Der Ton, der von dem Tisch als Resonanzkörper verstärkt wiedergegeben wird, schwingt in der gleichen Frequenz, auf die die Stimmgabel geeicht ist. Wenn Sie einen anderen Ton hören wollen, so können Sie diese Stimmgabel hundert Mal auf den Tisch stellen: Es wird nie ein anderer Ton erklingen! Dazu müssten Sie, Sie werden es bereits vermuten, eine andere Stimmgabel verwenden.

In einen größeren Maßstab übertragen bedeutet dies, dass Sie selbst die Stimmgabel sind und Ihr Leben der Resonanzkörper ist. Was Sie also aussenden, erhalten Sie in gleicher „Frequenz" vom Leben zurück, und dies eventuell noch verstärkt. Die Konsequenz daraus können Sie gar nicht als wichtig genug erachten: Wenn Sie andere

„Lebenstöne" hören wollen, müssen Sie also eine andere „innere Stimmgabel" nehmen.

Was Sie im Leben erfahren, wird davon geprägt, was Sie aussenden.

Die Schwierigkeit liegt oft darin, dass es zu großen Zeitverzögerungen kommen kann und dass es auch wichtig sein kann, was eine Menschen*gruppe,* also Familie bis Nation, aussendet. Das hat zur Folge, dass der Überblick über die Zusammenhänge im Leben oft abhanden kommt. Hier gilt es innezuhalten und aufmerksam zu schauen.

Wenn Ihnen diese Aussage zu gewagt erscheint, dann rege ich Sie an, die Ereignisse in Ihrem Leben zumindest mit folgender Frage zu betrachten: Ist es möglich, dass hier das Resonanz- bzw. Spiegelprinzip deutlich wurde? Dies kann dazu führen, dass Sie durch neue Fragen die Chance haben, zu neuen Antworten und interessanten Erkenntnissen zu kommen. Und das ist immer ein Gewinn.

Kehren wir zum Misstrauen in das Leben zurück. Sie werden es bereits ahnen: Wenn Sie dem Leben misstrauen, wird das Leben auch Ihnen misstrauen und Ihnen nichts Schönes anvertrauen und nichts Gutes zutrauen.

Denken Sie immer daran: Das Leben hat *unbegrenzte* Möglichkeiten! Wenn Sie dem Leben jedoch vertrauen, ihm die Lösung zutrauen und ihm Ihre Wünsche anvertrauen, dann (und nur dann!) wird Ihnen das Leben ebenso Vertrauen schenken und Ihnen etliches anvertrauen und manche Leistung zutrauen. Wie fühlen Sie sich, wenn jemand Ihnen nichts zutraut? Nicht besonders gut, nicht wahr? Spüren Sie aber, dass Ihnen etwas zugetraut wird, dann wirkt dies schon wie eine „Vitaminspritze"!

Wenn Sie dem Leben nicht vertrauen,
wird das Leben auch Ihnen nicht vertrauen.

Ich kenne so manche fragende oder unwillige Einwände. Manche Menschen berichten von schlechten Erfahrungen, obwohl sie doch Vertrauen hatten oder sich zumindest sicher waren, Vertrauen gehabt zu haben. Hier stellen sich spannende Fragen, die ich an dieser Stelle kurz formulieren möchte.

Was wurde *tatsächlich* ausgesandt? War es wirklich festes Vertrauen, oder haben sich andere Überzeugungen des Misstrauens und der Skepsis doch unbewusst „eingeschlichen"? All diese Gedanken haben ja Gewicht und Wirkungen.

Waren die Erfahrungen wirklich *„schlecht"?* Oder können diese Erfahrungen Hinweise und Anlässe gewesen sein, daraus zu lernen und sich weiterzuentwickeln? Leid ist wie Durst, erst der Durst führt zum Wasser. Können in leid- und problemvollen Situationen Chancen gesehen werden? Dann wäre also die Erfahrung *doch* nicht schlecht gewesen!

Ich bleibe dabei: Ohne Vertrauen wird es nicht funktionieren! Sie brauchen dieses Vertrauen als elementare Voraussetzung dafür, in Ihrem Leben zu Lösungen und letztlich zur Lebensfreude zu kommen. Oder haben Sie mit Misstrauen dauerhafte Erfolge erfahren?

„Schön und gut", sagen Sie vielleicht, „Sie haben gut reden. Bloß: Woher nehmen und nicht stehlen?" Ich habe auch schon empörte Ausrufe gehört: „Ich habe einfach *Angst!* Soll ich mir das Vertrauen denn etwa aus den Rippen schneiden?!"

Dies ist eine gute Frage. Also: Wie ist es möglich, das Vertrauen, das (noch) nicht vorhanden ist, doch noch zu erlangen?

Die Antwort ist im Prinzip einfach, aber die praktische Umsetzung benötigt natürlich etwas Zeit. Und so werde ich Sie langsam an die Antwort heranführen. Ich bitte Sie noch um etwas Geduld. Ich habe Ihnen bereits kurz den Einfluss, ja: die Macht der Gedanken geschildert. Alles beginnt zunächst mit einem Gedanken. Den Gedanken wohnt die Tendenz der späteren Verwirklichung inne, vergleichbar mit einem Samenkorn.

Wenn also die gewünschte „Pflanze“ das Vertrauen sein soll, dann sollten Sie sich den „Samen“ für diese „Pflanze des Vertrauens“ bewusst machen. Da alles mit einem Gedanken beginnt, kann dies darum auch zunächst nur der Gedanke sein. Gedanken aber kommen nicht nur „einfach so“, sondern Sie entscheiden sich (wenn auch oft unbewusst) für bestimmte Gedanken. Hier ist nun das wichtige Wort gefallen: Entscheidung!

Wenn Sie bestimmte Gedanken haben wollen,
dann müssen Sie sich dafür entscheiden.

Die Frage ist jedoch: Können Sie sich dafür entscheiden, das Vertrauen bereits zu *haben?* Die Antwort wird Sie ernüchtern: Nein, dies geht nicht. Das ist aber auch einleuchtend. Stellen Sie sich vor, Sie wollen in eine andere Stadt, sagen wir: München. Sie befinden sich jedoch noch in Frankfurt. Können Sie sich nun dazu entscheiden, in München zu *sein?* Sie können dies natürlich tun, nur es wird Ihnen nichts nützen. Sie werden sich immer noch in Frankfurt befinden! Und dennoch: Wenn Sie gewisse Entscheidungen nicht treffen, werden Sie nie nach München kommen.

Wie also können sinnvolle Entscheidungen aussehen? Ich denke, Sie kennen die Antwort. Sie müssen dazu die Entscheidungen für folgende Handlungen treffen und diese dann auch ausführen: im Fahrplan einen Zug aussuchen, den Mantel anziehen, aus dem Haus und zum Bahnhof gehen usw. Dann haben Sie eine realistische Chance, bald in München zu sein, auch wenn unterwegs die Lokomotive einen technischen Defekt haben oder eine Schneewehe die Schienen vorübergehend blockieren sollte.

Die Entscheidung für das Vertrauen kann also nicht heißen, das Vertrauen bereits zu *haben*, sondern das Vertrauen finden zu *wollen*. Das ist ein großer Unterschied. Das bedeutet natürlich (siehe Reise nach München), dass Sie sich auf den Weg machen, dass Sie aktiv werden, dass Sie „vertrauensbildende Maßnahmen" ergreifen müssen. Mit dem klaren Wunsch und dem eindeutigen Ziel, das Vertrauen haben zu *wollen*, werden Sie mit Sicherheit nach und nach dieses Vertrauen finden.

Wichtig ist die Entscheidung,
das Vertrauen finden zu ***wollen****.*

Oder haben Sie schon mal erlebt, dass man Weizen-Saat aussät und dann Mohrrüben wachsen? Sie können schon auf das Funktionieren der Gesetzmäßigkeiten des Lebens vertrauen. Das „Großversandhaus des Lebens" wird Ihnen das liefern, was Sie dort bestellen (wenn auch manchmal mit längerer Lieferzeit).

Vertrauen in Menschen

Damit Sie die Betrachtungen besser nachvollziehen können, werde ich mich zunächst auf das Vertrauen gegenüber Menschen beschränken.

Die Entscheidung, etwas finden bzw. erhalten zu *wollen*, bedeutet natürlich auch eine „innere Öffnung".

Sie zeigen sich damit bereit, etwas empfangen zu wollen. Wenn Sie sich nicht öffnen, können Sie auch nichts empfangen.

Hier gibt es oft große Probleme. Mir ist das Dilemma durchaus bewusst, das hiermit verbunden sein kann. Wie oft habe ich den Satz gehört: „Wenn ich mich öffne, dann mache ich mich verletzlich." Bei dieser Vorstellung ist es völlig nachvollziehbar und verständlich, sich zurückzuziehen und sich regelrecht hinter dicken Wänden „einzumauern". Dort sind Sie dann sehr sicher und geschützt.

Das Fatale daran ist aber, dass Sie dann auch sehr allein sind und nichts von außen empfangen können, auch nichts Positives! Und diesen Mangel an angenehmen Dingen können Sie durchaus schmerzlich spüren. Sie können dann auch über die „schlechte Welt" klagen, die Ihnen nichts Positives gönnt. Die depressive Verstimmung ist dann nicht mehr weit.

Dies ist eine wahre Zwickmühle, das ist mir klar. Ich höre oft den Wunsch: „Ich möchte ja durchaus etwas Schönes empfangen, aber ich will bzw. kann mich nicht öffnen und mich damit verletzbar machen!" Dazu fällt mir eine Redewendung ein: „Bitte wasche mich, aber mache mich nicht nass!"

Ohne Öffnung können Sie nichts bekommen,
auch kein Vertrauen.

So erlebe ich es immer wieder, dass sich Menschen dazu entschließen, verschlossen zu bleiben und sich weiterhin bedürftig zu fühlen. Dieses Gefühl ist zumindest vertraut und man kann dann auch wunderbar anderen Menschen die Schuld für dieses Gefühl geben. Denn wenn Sie sicher sein *könnten,* dass die Menschen Sie *nicht* verletzen, dann könnten Sie sich ja auch öffnen! Sie können also nichts dafür und so verharren Sie weiter in dieser Vorwurfshaltung. Ob dies ein guter Weg ist, zur Lebensfreude zu gelangen? Es geht also um die Angst davor, verletzt zu werden, wenn Sie sich vertrauensvoll öffnen. Hier muss ein Thema erörtert werden, das ich von elementarer Wichtigkeit in der Beziehung zwischen Menschen erachte: die Abhängigkeit eigener Empfindungen von dem Verhalten anderer Menschen. Ich will dies an dieser Stelle kurz skizzieren.

Als Beispiel berichte ich Ihnen über meine Erfahrungen, wie das Thema „Vertrauen“ in der Gruppentherapie der psychosomatischen Klinik mit den Patienten erörtert wurde. Auch hier wurde die Zwickmühle deutlich: Einerseits bestand der intensive Wunsch, dass die eigenen Probleme von anderen verstanden wurden. Andererseits bestanden Ängste, dass das Berichten von persönlichen Problemen und die damit verbundene innere Öffnung die Wahrscheinlichkeit erhöhte, von anderen verletzt zu werden. Hier wurde z.B. häufig das Brechen der Schweigepflicht angeführt, dass also die eigenen Probleme außerhalb der Gruppe weitererzählt wurden, was als vertrauensbrechend und kränkend gewertet wurde. Wie war es möglich, dieses Dilemma zu lösen? Denn es bestand ja der dringende Wunsch, von anderen verstanden zu werden, also etwas zu erhalten!

Nun, die Betrachtungen gingen in zwei Richtungen:

Es ist nun einmal eine Realität, dass gelegentlich „getratscht“ wird. Natürlich ist das Brechen der Schweigepflicht durch die Gruppenmitglieder ein ernster Vorfall, der nicht in Ordnung ist. Und sollte es möglich sein, die betreffende Person ausfindig zu machen, ist es im Sinne der Eigenfürsorge notwendig, diesem Menschen unmissverständlich klar zu machen, dass sein Verhalten nicht akzeptabel war und dass er es künftig unterlassen soll. Je ernsthafter und klarer (nicht patzig und vorwurfsvoll!) dies geschieht, umso eher kann das gewünschte Resultat eintreten, dass dieser Mensch künftig solche Dinge für sich behält. Dann würde es jemandem leichter fallen, sich zu öffnen.

Nun ist es aber meist nicht möglich, die „undichte Stelle" ausfindig zu machen. Was dann? Ich habe mich nicht gescheut, ganz konkrete Fragen zu stellen: „Was ist denn Ihr Schaden (vor dem Sie sich fürchten müssten), wenn sich Herr Meyer und Frau Schulz draußen auf der Parkbank über Ihre Eheprobleme unterhalten?" Die empörte Antwort war meist: „Das geht die doch nichts an!" Natürlich, es geht sie nichts an und ist zudem auch nicht in Ordnung (Verletzung der Schweigepflicht!). Aber damit ist die Frage noch nicht beantwortet! Ich fragte nach: „Auch wenn es sie nichts angeht und es nicht in Ordnung ist, worin genau liegt denn Ihr konkreter Schaden?" Nach längerem nachdenklichen Schweigen kam dann meist sinngemäß die Antwort: „Eigentlich habe ich keinen (konkreten) Schaden."

Die Auswirkung dieser Antwort war beeindruckend. Es führte dazu, dass die Gruppenteilnehmer viel eher bereit waren, sich zu öffnen und ihren Kummer zu schildern. Sie erhielten dann immer wieder Verständnis, Trost, aber auch neue Erkenntnisse, die ihnen halfen, ihrer Lösung näher zu kommen. Es war wie ein „Vertrauensvorschuss", den sie gaben. Und nach dem Prinzip der Resonanz kann das Ergebnis nicht überraschen.

Es ist wichtig, sich vor Augen zu halten, was hier geschehen ist. Es wurde dem durchaus unangemessenen Verhalten anderer Menschen weniger Bedeutung und Einfluss auf sich selbst und die eigenen Emotionen gegeben. Sie werden in Ihrem Leben ständig mit unerfreulichem Verhalten und unzutreffenden Worten anderer konfrontiert. Dies ist die Realität. Soll es Ihnen darum immer wieder schlecht gehen oder sollen Sie darum ständig Ihr eigenes Verhalten danach ausrichten? Dann würden Sie ja ausgerechnet den unerfreulichen Ereignissen Einfluss und Macht über Sie geben! (Natürlich kann dies nur für erwachsene Menschen gelten. Ich will damit seelische Gewalt gegen Kinder nicht verharmlosen oder in Frage stellen.)

Das Verhalten und die Worte anderer haben nur denjenigen Einfluss auf Sie, den Sie diesem Verhalten geben.* Es sind Schlüssel, die nur dann eine Wirkung auf Sie haben, wenn Sie die passenden Schlüssellöcher bereit stellen. Wenn Ihnen ein anderer einen Schuh hinlegt, der Ihnen nicht passt, dann können Sie ihn gleichwohl anziehen und sich dann darüber wundern (und es dem anderen vorwerfen), dass Sie Schmerzen am Fuß haben. Wenn jemand etwas Unzutreffendes über Sie sagt, dann können Sie erwidern: „Das betrifft mich nicht, weil ich nicht so bin" und der Fall wäre für Sie erledigt. (Es sei denn, Sie haben Angst, dass er sich deswegen von Ihnen abwendet, Sie von ihm nicht mehr verstanden werden und somit leer ausgehen.) Oder aber Sie können erkennen, dass der andere eigentlich Recht hat, und es können sich die *eigenen* schmerzlichen Empfindungen in der Tiefe des Inneren melden. Dies sind aber Ihre *eigenen* Emotionen, für die Sie selbst zuständig sind. Es können in Ihnen aber nur jene Emotionen „hochsteigen", die Sie schon längst in sich tragen. Dennoch können Sie Ihre Verantwortung

* Hier schließe ich körperliche Gewalt aus. Diese wird immer Schmerzen verursachen, egal wie viel Einfluss Sie ihr geben. Aber mit dem Ausüben körperlicher Gewalt verlässt man den Bereich der hier besprochenen „indirekten" Kontakte zwischen Menschen und stellt einen „direkten" Kontakt her. Dieser „direkte" Kontakt kann Ursache schönster Gefühle (z. B. in der Sexualität) oder schmerzhaftester Gefühle (z. B. Folter) sein. Körperliche Gewalt ist aus meiner Sicht immer abzulehnen, sie verursacht viel Leid und löst nie Probleme.

dafür abgeben und es dem anderen anlasten, der Sie z.B. mit seinen Worten daran erinnert hat. Es ist Ihre eigene Entscheidung. Wie oft werden eigene Entscheidungen den anderen Menschen angelastet!

Sie können aber auch diese aufsteigenden Emotionen als Hinweise nutzen, dass in Ihnen noch Aufgaben zu bewältigen sind, nach deren Erledigung Sie sich besser fühlen. Dann war das Verhalten des anderen ja geradezu hilfreich für Sie!

Mit diesen Überlegungen war es den Gruppenteilnehmern möglich, mit der Situation, dass doch mal getratscht wurde und, wie es bei Gerüchten häufig vorkommt, dass „ausgeschmückt“ und „gedichtet“ wurde, ganz anders umzugehen. Dies war auch möglich, wenn wirklich unschöne Dinge erzählt wurden.

Das Grundprinzip wird deutlich: Damit etwas zwischen zwei Menschen transportiert wird, bedarf es *zweier* Schritte: der eine, der es gibt, und der andere, der es nimmt. Erst dann ist die „Transaktion“ vollzogen. Wenn Sie selbst sich entscheiden, es *nicht* zu nehmen, dann ist es auch nicht bei Ihnen! Oder kann Ihnen jemand ein Gefühl von außen ohne Ihr Zutun „injizieren“?

Zwischen Menschen gilt:
Der eine gibt, der andere nimmt. Erst dann ist es bei Ihnen!

Ich schildere Ihnen dies so ausführlich, damit Sie es nach und nach mehr wagen, sich zu öffnen. Es geht ja darum, Vertrauen zu erhalten. Ohne Öffnung wird es schwierig, wohl sogar unmöglich. Wenn Ihnen klar wird, dass Sie eigentlich nichts zu befürchten haben, dass Sie eigentlich keinen Schaden haben, wenn Sie sich öffnen, selbst dann, wenn andere sich unerfreulich verhalten, dann werden Sie es auch öfter tun! Sie erlangen damit größere Unabhängigkeit und letztlich die Freiheit. Damit verbunden ist natürlich eine Reduzierung Ihrer Ängste.

Lassen Sie uns noch einmal betrachten, was dem Vertrauen entgegensteht. Diese Art zu fragen hat schon in vielen Fällen zu größerer Klarheit und zu spannenden Erkenntnissen geführt. Sie können sie in vielen Situationen anwenden, besonders dann, wenn Sie nicht wissen, warum Sie etwas tun oder etwas nicht tun.

An dieser Stelle heißt die nahe liegende Frage:

- Warum haben Sie kein Vertrauen?

Wenn Ihnen die Antwort auf diese Frage nicht leicht fällt, dann fragen Sie anders:

- Welchen Vorteil, welchen Gewinn haben Sie, wenn Sie *kein* Vertrauen haben?

Mit Verlaub: Irgendeinen Gewinn oder Vorteil müssen Sie sich ja davon versprechen, sonst würden Sie ja Vertrauen haben. Ich habe oft unwillige Reaktionen auf diese Frage erlebt, was ich auch gut verstehen kann. Da handelt ein Mensch in einer bestimmten Weise, leidet selbst darunter und wird dann noch gefragt, welchen Gewinn er daraus zieht! Das kann durchaus als Zumutung empfunden werden.

Ich bleibe aber dabei. Zum Beispiel hat ein Mensch ohne Vertrauen, der gerne jammert und sich hilflos zeigt, den Gewinn, dass er damit mehr Zuwendung von anderen erhalten kann. So erhält er die so ersehnte Anerkennung, nimmt aber dabei (unbewusst) in Kauf, dass man sich beim ständigen Jammern nicht wohl fühlen kann – wodurch er erneuten Anlass zum Jammern hat.

Nicht zu vertrauen kann z.B. den Vorteil haben, sich nicht öffnen zu müssen, zumal dann, wenn man dem Verhalten anderer zu viel Gewicht beimisst und sich somit „verletzlich macht“. In der eigenen Burg hinter dicken Mauern ist man ja sehr geschützt und es kann dort auch gemütlich sein.

Ohne Vertrauen können Sie auch nicht enttäuscht werden. Das ist dann besonders wichtig, wenn Sie mit einer Enttäuschung nicht umgehen können und sie als Katastrophe ansehen. So wird eine wenig wahrscheinliche Schwierigkeit vermieden, dafür aber eine sehr wahrscheinliche Lösung verhindert.

Oder aber es hat den Vorteil, nicht die Verantwortung für die Gestaltung des eigenen Lebens und die eigenen Gefühle übernehmen zu müssen (übernehmen Sie gern Verantwortung?), und man hat dann, wenn es nicht so klappt, gleich einige passende Ausreden und Schuldzuweisungen parat. Natürlich bedeuten Schuldzuweisungen fast schon eine Garantie dafür, dass sich an der eigenen Situation nichts ändert, aber das wird nicht gesehen.

Es gibt aber noch die gegenteilige Frage, die sogar noch mehr in der Lage ist, zu interessanten Antworten zu leiten:

- Welchen Nachteil, welchen Schaden vermuten Sie, wenn Sie Vertrauen haben? Ist „Vertrauen haben“ also gefährlich?

Aus meiner langjährigen Arbeit mit Menschen habe ich den Eindruck erhalten, dass viele das Vertrauen für gefährlich halten. Sie fürchten sich so sehr davor, dass sie es lieber vorziehen, mit Misstrauen und Skepsis durchs Leben zu gehen. Wie das Leben dieser Menschen aussehen kann, ist bei Kenntnis des Resonanzprinzips und Einflusses der Gedanken nicht weiter verwunderlich.

Gewiss, da besteht die Gefahr bzw. Möglichkeit, dass andere Menschen mit Ihrer vertrauensvollen Öffnung nicht achtsam umgehen. Sie können es erleben, dass andere Menschen unangemessen reagieren. Dies kann immer wieder sehr schmerzhaft empfunden werden. Sich gekränkt fühlen ist gewiss kein angenehmes Gefühl, im Gegenteil, es kann sehr weh tun. Ist dies aber schon gefährlich? Oder kann eine solche Situation nicht auch zum Anlass genommen werden, den Mechanismus der Kränkung genauer zu hinterfragen, um selbst dazu beizutragen, sich künftig seltener oder gar nicht gekränkt zu fühlen? Sie kommen vielleicht zu der Erkenntnis, dass Sie die Worte anderer dazu verwenden können, sich selbst dafür zu entscheiden, sich gekränkt zu fühlen – oder eben auch nicht. Dann wären Sie wieder etwas unabhängiger und freier – auch von Ängsten! In einer schmerzlichen Erfahrung liegt also eine hilfreiche Chance für Ihr weiteres Leben. Sie sehen schon, wie die „Gefährlichkeit" allmählich zerbröselt. Ich fasse zusammen:

Wenn Sie dem Leben vertrauen,
vertraut das Leben auch Ihnen.

Erst dann können Sie Lösungen Ihrer Probleme erreichen. Wenn Sie vertrauen, mögen Sie zwar vorübergehend schmerzliche Erfahrungen machen. Sie vertrauen dann aber auch darauf, diese konstruktiv für die eigene Weiterentwicklung nutzen zu können.

Vertrauen empfinde ich wie eine konstruktive Energie, die Sie in das Leben aussenden können. Als Reaktion ist es dann möglich, konstruktive Rückmeldungen für Ihr Leben zu erhalten. Ich sehe deutlich die vielfältigen

Probleme im Leben. Meine Sensibilität nutze ich für einen klaren Blick ohne „rosarote Brille". Das hilft mir, die Dinge in aller Deutlichkeit zu sehen.

Habe ich bislang das Vertrauen in das Verhalten anderer Menschen betrachtet, so widme ich mich nun dem Vertrauen in die künftigen Ereignisse, in das künftige Leben.

Vertrauen in die Lösung

Als ich nach den einleitenden Worten zu diesem Kapitel „Vertrauen in die Lösung" suchte, fiel mir spontan die Frage ein: „in was denn sonst?!" Natürlich geht es um die Lösungen der vielfältigen Probleme, die wir heute bereits haben oder die wir für die Zukunft annehmen. Um welch wichtige Themen es dabei gehen kann, habe ich zu Beginn des Buches angedeutet. Das fängt bei den alltäglichen (kleinen) Schwierigkeiten in unserem Umfeld an und endet bei den Problemen der Menschheit und der Welt.

Wenn Sie den Mechanismus Ihrer eigenen Probleme kennen, haben Sie schon ein beginnendes Verstehen der Probleme in größeren Maßstäben, denn der Grundsatz gilt: Wie im Kleinen, so im Großen. Ebenso haben Sie dann bereits einen Einstieg in Erkenntnisse, wie denn in problematischen Situationen gehandelt werden kann.

Die Realität ist Ihnen bestens bekannt und ebenso die darin eingebundenen Schwierigkeiten. Natürlich sollten diese Probleme klar und deutlich betrachtet werden. Nach dem Prinzip der Polarität des Lebens gibt es ja auch einen Gegenpol zu einem Problem. Das ist natürlich die Lösung. Da die beiden Gegenpole aber untrennbar zusammengehören, ist es natürlich notwendig, das Problem nicht zu ignorieren, sondern deutlich zu sehen.

Deutliches Sehen des Problems bedeutet nicht, die Lösung zu ignorieren!

Wenn der Mechanismus bzw. die Entstehung eines Problems deutlich geworden sind, werden damit natürlich auch schon der Beginn und die Richtung der Lösung deutlich! Dies wird aber für Sie so lange unsichtbar bleiben, solange Sie nicht in die Richtung der Lösung schauen!

Das Verharren bei einem Problem lässt die Lösung unsichtbar bleiben.

Hier wird einer der elementarsten Grundsätze deutlich, die Sie sich nicht oft genug vergegenwärtigen können und der auch für mich eine tagtägliche Herausforderung beinhaltet:

Worauf Sie Ihre Aufmerksamkeit richten, dorthin fließt Ihre Lebenskraft.

Natürlich haben Sie Lebenskraft in sich, auch wenn Sie sich noch so erschöpft und müde fühlen. Diese Lebenskraft ermöglicht es Ihnen, dass Sie lebendig sind und Ihren Tag leben können, sei es auch noch so mühsam.

Es ist mir vollkommen klar, wie unmöglich es erscheinen mag, in einem Zustand der Erschöpfung, der depressiven Verstimmung, der Ängste, der Mutlosigkeit etc. noch aktiv Veränderungen im eigenen Leben herbeizuführen.

Denken Sie an einen Eisenbahner, der im elektronischen Stellwerk eines großen Bahnhofes sitzt. Vor ihm fahren die vielen Züge in unterschiedliche Richtungen. Um einen Zug in eine andere Richtung fahren zu lassen, braucht er nur einen kleinen Knopf zu drücken, und durch technische Verstärkungsmechanismen (Relais, Hilfsmotoren etc.) wird eine schwere Weiche anders gestellt.

Ich denke, Sie ahnen, was diese Bild Ihnen sagen soll. Es bedarf keiner großen Kraftanstrengung, einen bestimmten Knopf zu drücken, nicht wahr? Und dennoch fahren zig Tonnen Stahl in eine andere Richtung, ohne dass der Eisenbahner diese selbst schieben muss. Damit wäre er sicherlich überfordert.

Betrachten Sie es doch mal so: Die Züge symbolisieren das Fließen von Energie, den Ablauf von Ereignissen in Ihrem Leben. Sie haben lediglich die Aufgabe, die Weichen zu stellen. Der „Knopf", der dies bewirkt, sind Ihre eigenen Gedanken bzw. Ihre eigenen Entscheidungen.

Um Entscheidungen zu treffen,
sind keine großen Kraftanstrengungen notwendig.

Aber diese Entscheidungen können bewirken, dass Ereignisse in Ihrem Leben eine andere Richtung nehmen! Sie sind der Stellwärter im Bahnhof Ihres Lebens!

Es ist nun also deutlich, dass Entscheidungen verändert werden müssen. Schauen Sie sich aufmerksam in Ihrer eigenen Vergangenheit um. Wie oft haben Sie überwiegend oder auch ausschließlich Ihr Problem „ins Visier" genommen? Wie oft haben Sie ausschließlich Ihre „Probleme gewälzt"? Wie oft haben Sie sich darüber gewundert oder sich darüber beklagt, dass Ihre Probleme nicht gelöst oder gar noch größer wurden?

Ich habe Ihnen schon von Verstärkungsmechanismen berichtet, die Sie sich immer vor Augen halten sollten. Es ist in der Tat möglich, z.B. Körpersymptome durch gezielte Aufmerksamkeit zu verstärken. Das ist in der psychosomatischen Medizin inzwischen weltweit gesicherte Kenntnis. Mit dieser „gezielten Aufmerksamkeit" haben Sie quasi eine Gießkanne (Ihre Gedanken) in der Hand, mit der Sie die Pflanze (das Problem) noch begießen und düngen. Natürlich wird diese Pflanze weiter wachsen. Aber was machen Sie mit der „Pflanze der Lösung"? Wie gehen Sie damit um? Wird auch sie begossen? Oder ist Ihre Gießkanne durch das Begießen der Problem-Pflanze schon fast leer? Beginnt dieses Pflänzchen dann bereits zu verdorren?

Was ich Ihnen hier mit einfachsten Bildern schildere, ist ein „problemorientiertes" Vorgehen, wie ich es ständig in meiner Umgebung und in der Welt erlebe. Dabei ist es erstaunlich, dass darüber gerätselt und geklagt wird, dass damit keine Probleme gelöst werden können – sondern sie eher noch größer werden.

Wenn Sie Ihre Energie ausschließlich auf das Problem richten, dann stärken Sie das Problem und sorgen dafür, dass es größer wird. An dieser schlichten Wahrheit kommen Sie nicht vorbei. Sie tragen also selbst dazu bei, dass Sie Anlass haben, sich in Ihrem Leben zu fürchten.

Das wichtige Wort hier ist „ausschließlich" (oder auch „überwiegend"). Natürlich ist es notwendig, das Problem und seinen Entstehungsmechanismus klar zu sehen. Dies kann mit großer Aufmerksamkeit und ohne Angst, Jammern, Mutlosigkeit etc. geschehen. Die Erkenntnisse können dazu beitragen, dass es Ihnen wie „Schuppen von den Augen fällt" und Sie den Ansatz einer bislang nicht erkannten Lösung sehen.

Dazu ist aber erforderlich, eine einfache, aber wichtige Entscheidung zu treffen:

Die Entscheidung heißt: den Blick von dem Problem zu lösen und in eine andere Richtung zu lenken.

Es ist erforderlich, das Problem loszulassen und doch seine Existenz zu akzeptieren. Dies heißt natürlich nicht, dieses Problem erfreulich zu finden. Es ist wie eine Wand, die unerschütterlich steht, auch wenn Sie noch so intensiv sich dagegenstemmen. Außer einer blutigen Nase und eigener Erschöpfung wird sich nichts weiter tun. Im Gegenteil: Sie sind so sehr mit der Wand beschäftigt, dass Sie folgende Möglichkeit gar nicht sehen: Wenn Sie nämlich einige Schritte zurückträten (und „nebenbei" erleben würden, dass die Wand Sie *nicht* erschlägt!), würden Sie erkennen, dass in einer gewissen Entfernung eine Tür ist, durch die Sie gehen können. „Es ist, wie es ist. Ich akzeptiere, wie es ist. Und nun gehe ich den nächsten Schritt." Ohne Loslassen der Probleme aber sehen Sie die Tür zur Lösung nicht.

Nun haben Sie sich also dafür entschieden, das Problem loszulassen, Ihre innere Ausrichtung zu verändern. Stellen Sie sich dies am besten ganz konkret vor: sich umdrehen und den Blick in eine andere Richtung lenken, dorthin, wo eine Lösung zumindest vermutet wird.

Sehen Sie die Lösung dann schon? „Schön wär's!", höre ich oft. Ja, Sie haben Recht: Oft genug erscheint lediglich eine Art Nebelwand und Sie sehen nichts Konkretes. Was machen Sie nun? Drehen Sie sich erschrocken oder frustriert wieder um und widmen sich dem Problem, weil ja in der anderen Richtung sowieso nichts zu sehen ist? So wird es oft gemacht. Die Folgen kennen Sie.

Stellen Sie sich bildlich einen Nebel vor, der die Berge verschleiert. Da ich in meinem früheren Wohnort das Wettersteingebirge im Blick hatte, erlebte ich dies sehr häufig. Es gibt Tage, da sind die Berggipfel im Nebel „verschwunden". Wie aber kann sich solch ein Nebel auflösen? Sie wissen es. Je länger die Sonne scheint, desto durchlässiger wird der Nebel. Es erscheinen plötzlich erste vage Konturen der Berge, ein Lichtstrahl erhellt einen kleinen Bergausschnitt, er wandert, erfasst auch andere Abschnitte, die Lücken im Nebel werden größer. Schließlich steht die Gebirgskette in strahlendem Glanz vor Ihnen. Die Energie der Sonne hat den Nebel allmählich aufgelöst. Welch ein Schauspiel!

Nun wissen Sie, wie Sie den Nebel auflösen können, der vor Ihrem Leben oder vor den Lösungen Ihrer Probleme liegt. Ihre gezielte Aufmerksamkeit wirkt wie die Sonne, die den Schleier allmählich lichtet, sodass die Berggipfel der Lösungen allmählich deutlich werden.

Ihre Aufmerksamkeit löst wie eine Sonne den Nebel vor der Lösung auf.

Solange Sie lebendig sind, sind Sie nie ganz ohne Energie! Es reicht immer, sich dafür zu entscheiden, die Blickrichtung zu verändern. Ihre Energie fließt von allein in die neue Richtung (wie die Züge im Bahnhof). Diese Energie fließt dann aber nicht mehr in den Mechanismus der Probleme! Ihren Problemen wird quasi der Brennstoff knapp.

Sie haben hier eines Möglichkeit, mit Ihren Problemen anders umzugehen. Selbst wenn der Nebel zunächst noch so dicht bleibt, sehen Sie immer zwei bis drei Meter weit. Diese Meter können Sie ja schon mal gehen. Und siehe da, Sie stehen dann nicht vor einer Wand, sondern können wieder zwei bis drei Meter sehen!

Zu welchen Möglichkeiten diese neue Blickrichtung führt und welche Gestaltungsmöglichkeiten Sie tatsächlich haben, Ihrem Leben eine gute Richtung zu geben und sich wohl zu fühlen, können Sie wohl schon ahnen.

Lassen Sie mich nach diesen grundsätzlichen Betrachtungen eine kleine Begebenheit aus dem Alltag meiner Klinikarbeit schildern. Wir Therapeuten mussten uns bei unserer Arbeit mit dem PC einen gemeinschaftlichen Drucker teilen, der draußen auf dem Flur stand. Das Problem war jedoch, dass er oft nicht funktionierte. Für unsere schriftliche Arbeit war dies ein absolut unerfreulicher Zustand. Ich bemühte mich bei der Verwaltung mehrfach, auch schriftlich, um die Behebung, die dann auch mit mehrwöchiger Verzögerung stattfand. In der Zwischenzeit ging ich neugierig ans Werk und fand tatsächlich einen Weg: alle Stecker ziehen, wieder einstecken und neu einschalten. Das war zwar lästig, aber ich konnte meine Dokumente ausdrucken. Als ich dies meinem Kollegen schildern wollte, überfiel er mich geradezu mit empörten und schimpfenden Kommentaren, ob es nicht eine Frechheit wäre, uns solche Arbeitsbedingungen zuzumuten, er sei stocksauer und so weiter. Er steigerte sich regelrecht in Rage. Als ich beginnen wollte, ihm die Notlösung zu erklären, hörte er nicht hin, sondern unterbrach mich mit weiteren hitzigen Kommentaren. Ich gab nach fünf Minuten auf. Das Ergebnis war: Ich konnte drucken, er nicht. Seine ausschließliche Ausrichtung auf das Problem und sein ständiges Hadern machten ihm einen Blick auf eine praktikable (Zwischen-)Lösung unmöglich. Dass dieser Kollege sich auch sonst gern in seinem Leben über alles Mögliche beklagte und Probleme mit dem Vertrauen hatte, wird Sie nicht weiter verwundern.

Ein Wissenschaftler erzielt große Fortschritte, indem er Experimente macht, um seine Überlegungen zu überprüfen. Ohne Experimente (auch etliche misslungene!) ist kein Fortschritt möglich!

Wenn Sie aber zunehmend wissen, wie Sie zu Lösungen kommen, dann brauchen Sie sich nicht mehr vor weiteren Problemen zu fürchten! Das Wissen um das Erkennen von Lösungsmöglichkeiten lässt Sie gelassener in die Gegenwart und Zukunft schauen. Diese Gelassenheit steht natürlich auf dem Fundament des Vertrauens. Es wird Ihnen also möglich sein, zunehmend Vertrauen in die Lösung zu gewinnen.

Wenn das Vertrauen in die Lösung wächst,
verringern sich die Ängste vor der Zukunft.

Das Vertrauen in die Lösung kann aber nur dann wachsen, wenn Sie Ihren Blick auf die Lösung richten und sich nicht ständig auf das Problem konzentrieren. Dies gilt für die kleinen Schwierigkeiten des Alltags ebenso wie für die großen Probleme in Ihrem Leben und letztlich auch in der Welt.

Fangen Sie bei den kleinen Problemen an. Hier lassen sich am ehesten Erfolgserlebnisse herbeiführen, die Sie ermuntern werden, mit gleicher Haltung weitere Aufgaben anzugehen. Natürlich ist die Versuchung groß, sofort auszurufen: „Ach du liebe Zeit, das geht ja gar nicht!“, und dabei die beginnende Verzagtheit, dann aber auch die Ängste zu spüren.

Doch es ist möglich, sich dafür zu entscheiden, sich auf die Lösung auszurichten. Dazu stelle ich mir fast bildlich vor, wie ich mich umdrehe und in eine andere Richtung schaue. Der innere Satz heißt dann: „Ok, die Lage ist mies. Was kann ich jetzt tun?“ Ich blicke auf das, „was geht“, und nicht auf das, „was nicht geht“. So habe ich bei beharrlicher innerer Ausrichtung dorthin, wo ich die Lösung vermutete, trotz anfänglicher „Nebelwand“ die erstaunlichsten Lösungsmöglichkeiten gefunden.

Plötzlich wurde ein Weg deutlich. Ich musste mich nur noch dafür entscheiden, diesen Weg auch zu gehen.

Sie können ein Ziel nicht erreichen,
wenn Sie immer zurückblicken.

Vertrauen

Nicht das Problem fixieren, sondern an eine Lösung glauben

- Ist Ihr Problem größer als die Möglichkeiten des Lebens?
- Wenn Sie dem Leben nicht vertrauen, wird das Leben Ihnen auch nicht vertrauen.
- Sie können sich nicht dafür entscheiden, Vertrauen bereits zu *haben*, wohl aber, dieses Vertrauen *finden zu wollen*.
- Wenn Sie sich nicht öffnen, können Sie nichts bekommen, auch nichts Positives.
- Zwischen Menschen gilt: Der eine gibt, der andere nimmt. Erst dann ist es bei Ihnen!
- Ohne Vertrauen wird eine wenig wahrscheinliche Schwierigkeit nicht vermieden, dafür aber eine sehr wahrscheinliche Lösung behindert.
- Wenn Sie dem Leben vertrauen, vertraut das Leben auch Ihnen und Sie kommen Ihren Lösungen näher.
- Deutliches Sehen des Problems bedeutet nicht, die Lösung zu ignorieren! Das Verharren bei einem Problem lässt die Lösung unsichtbar bleiben.
- Mit problemorientiertem Vorgehen werden Probleme größer, mit lösungsorientiertem Vorgehen kleiner.
- Die wichtige Entscheidung heißt: den Blick von dem Problem zu lösen und in eine andere Richtung zu lenken.
- Wenn das Vertrauen in eine Lösung wächst, verringern sich die Ängste der Zukunft.
- Sie können ein Ziel nicht erreichen, wenn Sie immer zurückblicken.

Konsequenzen für den Alltag

Sich im Leben wohl fühlen und mehr Lebensfreude erlangen

Nun sind Sie mit Ihrer Lektüre an den Punkt gekommen, wo Ihnen die Konsequenzen für Ihren Alltag wie „reife Früchte" in die Hände fallen mögen. Es geht darum, wie es möglich ist, für Ihren Alltag, für Ihr Leben praktische Möglichkeiten zu finden, damit Sie Ihrem eigenen Ziel näher kommen. Dieses Ziel wird sein, ganz schlicht ausgedrückt: sich in Ihrem Leben wohl zu fühlen und zur Lebensfreude zu gelangen. Dabei vermeide ich bewusst das Wort „glücklich", weil es zu einseitig klingt. Um *alle* Aspekte des Lebens zu integrieren, spreche ich eher von einem „erfüllten" Leben.

Hieran werden Sie sich immer wieder gehindert fühlen durch Ihre Ängste, Ihre Sorgen, Ihre Befürchtungen und Ihre Skepsis. Darüber hinaus aber fühlen Sie sich oft müde, erschöpft, mutlos und resigniert. Das kann ausgeprägte Formen annehmen.

Dies ist mir alles bewusst. Und dennoch mute ich Ihnen die Notwendigkeit zu, Entscheidungen zu treffen. Es gibt einen Satz, bei dessen Lektüre ich vor einigen Jahren selbst noch innerlich zusammengezuckt bin. Inzwischen weiß ich, dass es so ist. Er lautet:

Ihre jetzige Situation
ist das Resultat Ihrer bisherigen Entscheidungen.

Sie sind an Ihrer jetzigen Situation, an Ihren jetzigen Emotionen, an Ihren jetzigen Ängsten natürlich selbst beteiligt! Die Versuche, sich aus dieser Verantwortung „herauszuschleichen“, bringen die bekannten Resultate. Dies gilt es deutlich zu sehen.

Bevor Sie aber nun mit Ihrer Stimmung noch tiefer sinken, machen Sie sich klar, dass daraus aber auch dieser Satz folgt:

Ihre künftige Situation wird das Resultat Ihrer heutigen Entscheidungen sein.

Das klingt doch schon ganz anders, nicht wahr? Wenn also Ihre künftige Situation sein soll, dass Sie sich wohl fühlen, Sie nicht von Ihren Ängsten blockiert sind und Sie vertrauensvoll nach vorn schauen, dann sind heute bestimmte Entscheidungen notwendig.

Wichtige Entscheidungen

Was können dies für Entscheidungen sein? Es sind zunächst Antworten auf bestimmte Fragen, die Ihnen auf den ersten Blick fast überflüssig erscheinen. Aber ich habe es zu häufig erlebt, dass diese einfachen, elementaren Fragen kaum gestellt werden. Es können dann auch keine Antworten gefunden werden. Ohne diese Antworten und deren Umsetzung werden Sie jedoch Ihrem Ziel kaum näher kommen.

1. Wollen Sie überhaupt Vertrauen haben?
2. Halten Sie Vertrauen für gefährlich?
3. Wollen Sie Ihre Energie nur den Problemen widmen?
4. Wollen Sie Ausschau halten nach Lösungen?

5. Wollen Sie sich auf den Weg machen, das Vertrauen in die Lösung zu finden?
6. Wie und wo kann dieses Vertrauen gefunden werden?

Da ich die 3. bis 5. Frage bereits erörtert habe, werde ich Ihnen nun meine Gedanken zu den anderen Fragen schildern.

Wollen Sie überhaupt Vertrauen haben?

Diese Frage kann schon schwierig zu beantworten sein, auch wenn es erstaunlich klingt. Ich habe schon oft als Antwort gehört: „Darüber habe ich mir noch keine Gedanken gemacht.“ Zwar wird der Wunsch formuliert, weniger Angst zu haben. Wenn Sie aber nur an „weniger Angst“ denken, wo bleibt denn der Gedanke an das Vertrauen? Wenn der Gedanke an das wachsende Vertrauen nicht da ist, wie können Sie dazu beitragen, dass dieses Vertrauen tatsächlich entsteht? Es gilt also, für sich selbst, für das eigene Unterbewusstsein, für die Instanz des Lebens klar und deutlich immer wieder zu formulieren: „Mein Ziel ist es, Vertrauen zu haben!“

Wichtiger gedanklicher Auftrag an das Leben:
„Mein Ziel ist es, Vertrauen zu haben!“

Hinzu kommt, dass Verneinungen in Ihrem Unterbewusstsein kaum Wirkung zeigen. Wenn Sie meiner Aufforderung folgen wollen, für zehn Minuten *nicht* an ein rotes Auto zu denken, woran denken Sie dann die ganze Zeit? Natürlich an ein rotes Auto! Und nun soll es funktionieren, *nicht* an die Ängste zu denken? Kann das funktionieren? Eine viel größere Wirkung hat es natür lich zu sagen: „Ich denke an das Vertrauen!" Sie wissen, dass solch ein Satz wie ein Saatkorn ist, das zuverlässig aufgeht.

Halten Sie Vertrauen für gefährlich?

Diese Frage ist natürlich wichtig. Heißt das Vertrauen zu Menschen nicht immer wieder, sich zu öffnen? Ist es möglich, sich dann verletzlich zu machen? Was passiert dann? Ist das Verletztwerden unvermeidlich? Sie kennen bereits die Antwort. Aber selbst wenn Sie sich emotional verletzt fühlen: Ist für Sie ein schmerzliches Gefühl auch gleichzeitig bereits gefährlich? Worin läge diese Gefahr konkret?

Heißt vertrauensvoll sein auch, dass man unachtsam und gleichgültig ist? Wird dann alles nicht noch schlimmer? Denken Sie an das Wort „vertrauensselig" oder an das „blinde Vertrauen", das durchaus den klaren Blick vernebeln kann. Hat Vertrauen etwas mit Leichtsinn bzw. Sorglosigkeit zu tun? Ist Sorglosigkeit gleichzusetzen mit Gleichgültigkeit?

Sie haben es bereits ausführlich im Kapitel „Wirkungen von Sorgen" gelesen: Sorgen behindern die Realisierung von Lösungen. „Ich mache mir *solche* Sorgen!" Wie oft wird so ein Satz gesagt! Wie sind die Auswirkungen?

Ohne Sorgen zu sein
heißt natürlich nicht, gleichgültig zu sein!

Das wäre in der Tat angesichts unserer Situation in dieser Welt nicht sonderlich hilfreich. Für mich gilt ein Satz, den ich mir besonders in Anbetracht schwieriger Lagen selbst immer wieder verdeutliche: „Ich mache mir keine Sorgen, aber ich sehe deutlich, dass diese Situation bzw. dieser Mensch meine guten Gedanken, meine konstruktive Energie dringend braucht." Und da ich durch die üblichen Sorgen und Ängstlichkeiten nicht mehr blockiert bin, bin ich dann auch in der Lage, wirkungsvoll zur Lösung beizutragen – *ohne Sorgen!* Meine konstruktiven und liebevollen Gedanken für andere werden natürlich ihre Wirkung tun. Man kann dies auch als Gebet bezeichnen. Damit entziehe ich weiteren möglichen Anlässen für Ängste den Boden.

Ohne Sorgen
können Sie effektiver die Zukunft gestalten.

Die Gegenfrage heißt doch: Können Sorgen das verhindern, was Sie befürchten? Können Ängste das verhindern, wovor Sie sich in Ihren unbestätigten Visionen fürchten?

Sie wissen inzwischen, dass Vertrauen die Achtsamkeit nicht ausschließt, sondern erst ermöglicht und Ihnen die Energie für künftige Lösungen zur Verfügung stellt. So wie ich als Frauenarzt ohne Sorgen und ohne Ängstlichkeit, aber mit Aufmerksamkeit und Vertrauen die vielen schwangeren Frauen mit erfreulichen Ergebnissen betreute, so ist es auch möglich, das eigene Leben „zu betreuen".

Blick in die Zukunft:
ohne Sorgen und Ängstlichkeit,
aber voller Achtsamkeit und Vertrauen.

Es ist also eher gefährlich, das Vertrauen *nicht* zu haben! Es ist eher gefährlich, sich für Reaktionen zu entscheiden, in denen Ihre eigene Energie und Ihre

Handlungsfähigkeit eher blockiert sind. Vertrauen zeigt Ihnen einen Weg.

Wie und wo kann das Vertrauen gefunden werden?

Meine Antwort bedeutet einen kleinen Vorgriff auf die Inhalte des letzten Kapitels. Für mich gilt: Vertrauen ist konstruktive Energie. Wo aber finde ich in meinem Leben diese Energie?

Ich stelle mir folgendes Bild vor: Die Ereignisse in meinem Leben betrachte ich wie einen Seitenarm des großen „Stroms des Lebens", in dem zahllose einzelne Lebensereignisse fließen. Dieser Seitenarm befindet sich nun in Form eines weichen Schlauches in meinen Händen. Jegliche Art von Anspannung wird dazu führen, dass meine Hände sich verschließen. Das bedeutet, dass weniger Wasser durch diesen Schlauch fließt. Ich bin durchaus in der Lage, ihn fast vollständig abzudrücken. Dann wird nicht mehr viel fließen. Sorgen und Ängste sind durchaus in der Lage, meine Hände zu verkrampfen, besonders die „Angst vor der Angst". Lösungen aber bedeuten: Bewegung, ein Fließen. Gelingt es mir, die Hände weiter zu öffnen, kann wieder Wasser fließen. Dann fließt auch wieder die Energie. Mit dieser Energie kann ich natürlich meinem weiteren Leben ganz anders begegnen.

Ich werde hier noch eine weitere Frage an uns selbst formulieren, die an Schlichtheit kaum zu übertreffen ist, deren ehrliche und bewusste Antworten aber zu spannenden Ergebnissen führen werden. Diese Fragestellung können Sie in zahllosen schwierigen Situationen anwenden und sie hilft Ihnen dabei, einen klaren Kopf zu behalten. Die Frage lautet einfach:

- Was will ich?

Ich rege Sie allen Ernstes an, sich diese Frage immer wieder zu stellen, wenn es problematisch wird, egal ob in der Beziehung zu anderen Menschen oder in Ihren Lebenssituationen. Was wollen Sie wirklich, wenn es schwierig ist? Was ist dann Ihr konkretes Ziel? Stellen Sie sich dieser Frage, auch wenn sie Ihnen blödsinnig erscheint.

Was ist Ihr Ziel, wenn Ihr Partner sich lieblos verhält und es Ihnen schlecht geht? Was ist Ihr Ziel, wenn Sie Ihre Arbeit verloren haben und Sie sich unnütz vorkommen? Was ist Ihr Ziel, wenn Sie sich bedroht fühlen?
Ich werde Ihnen mögliche Antworten geben, sie gehen in zwei Richtungen:

- Sie wollen sich (wieder) wohl fühlen.
- Der andere möge sein Verhalten ändern bzw. die Situation möge sich ändern.

Wie denken Sie über diese Antworten? Ist die erste Antwort abhängig von der zweiten Antwort – oder umgekehrt? Worin liegt der Unterschied zwischen folgenden beiden Sätzen:

- „Nur wenn die Situation sich ändert, fühle ich mich wieder wohl."
- „Nur wenn ich dafür sorge, mich wohl zu fühlen, kann ich dazu beitragen, dass sich die Situation ändert."

Aber unabhängig, welche Satzvariante Sie bevorzugen, so ergeben sich doch weitere einfache Fragen:

- Wie geht es am besten?
- Wie hat es bislang funktioniert?
- Wie kann es künftig funktionieren?

Vieles kann sich verändern, wenn Sie sich in schwierigen Situationen diese einfachen Fragen immer wieder stellen!

Haben Sie es schon einmal erlebt, dass eine schwierige Situation in Ihrem Leben bzw. in Ihrem Umfeld oder das Verhalten eines anderen sich durch Jammern, Ängste, Ärger, Hadern oder Vorwürfe zum Positiven verändern lässt? Ich selbst habe es noch nicht erlebt, im Gegenteil: Die Lage wird eher noch trister. Dennoch wird daran festgehalten! Damit gibt es natürlich einen weiteren Anlass für Jammern, Ängste etc.! Sie wissen ja: Ängste können zu Situationen führen, in denen Sie weitere Ängste haben können. Zudem fühlen Sie sich im Recht, denn es hat sich ja bestätigt, dass die Lage schlimmer wird!

Wenn etwas in der Vergangenheit nicht funktioniert hat, so bedeutet das ganz einfach die Notwendigkeit der Entscheidung, nach alternativen Möglichkeiten zu suchen. Nur dies bringt Sie weiter.

Schlechte Nachrichten

Wenn wir über Konsequenzen für den Alltag sprechen, ist der Umgang mit Nachrichten, besonders mit schlechten Nachrichten, ein wichtiger Punkt. Nochmals verdeutliche ich hier den Widerspruch, für den ich noch keine Erklärung weiß: Wie viele Ängste und Sorgen, wie viel Skepsis und Misstrauen, wie viel Pessimismus und Mutlosigkeit gehören zu der leidvoll empfundenen Realität vieler Menschen! Und dennoch werden begierig, ja manchmal geradezu lustvoll, all die negativen Nachrichten, Gerüchte und Informationen aufgenommen! Es scheint so, als ob viele Menschen gar nicht genug davon bekommen können!

Dies wird in bedrückender Weise besonders deutlich an der Tatsache, dass bei Unfällen zahlreiche Schaulustige fasziniert sind von dem Anblick und sich kaum vertreiben lassen, gleichzeitig damit aber oft den Einsatz der Hilfskräfte behindern! Sie kennen diese Szenen, auf die man nur fassungslos reagieren kann.

Und mehr noch: Genau dies spielt sich auch in anderen Bereichen ab! Die breite Palette der negativen Nachrichten wird oft beinahe genüsslich aufgesogen, aber jeglicher Ansatz für konstruktive Hilfe oder Veränderung bleibt irgendwo stecken und wird sogar durch „Schaulustige" unbewusst behindert. Und so verwundert es nicht sonderlich, dass sich die Lage in der Tat kaum verbessert. Damit aber wird durch das eigene Verhalten auch noch der Beweis für die Richtigkeit eigener Sorgen und Ängste erbracht!

Eigene Ängste schaffen oft Beweise für die Richtigkeit dieser Ängste.

Hier geht es mir aber nicht um die Frage, wie ein anderer Journalismus aussehen kann, sondern darum, wie wir mit der Realität der gegenwärtigen Art der Nachrichten umgehen können.

Sie werden hier keine Patentrezepte finden. Ich werde Ihnen die Möglichkeiten schildern, die ich persönlich sehe und auch mit gutem Erfolg praktiziere. Nehmen Sie dies als Einladung, sich selbst Ihre Gedanken zu machen und Ihre eigenen Möglichkeiten zu finden, mit denen Sie selbst gut zurechtkommen.

Loslassen

Natürlich sehe und lese ich Nachrichten. Nach dem Prinzip der Polarität des Lebens ist ja die Wahrnehmung des negativen Pols von entscheidender Bedeutung, denn nur dann bin ich in der Lage, auch den positiven Pol zu sehen. Nur wenn ich das Problem kenne, habe ich die Chance, die Lösung kennen zu lernen.

Dies bedeutet immer wieder ein „Loslassen", dessen Notwendigkeit Sie in Ihrem Leben in allen Bereichen finden.

Loslassen macht das Schwingen zum anderen Pol erst möglich.

Konkret heißt das: die negativen Nachrichten loszulassen! Was bedeutet dies? Es ist die praktische Umsetzung der wichtigen drei Sätze: Es ist, wie es ist. Ich akzeptiere, wie es ist. Und nun gehe ich den nächsten Schritt.

Es gelingt mir tatsächlich (meist), dies zu tun. Wenn ich von Problemen höre, dann spüre ich die Notwendigkeit, konstruktive Wege für eine Lösung zu suchen. Ich kann aber keine Schritte auf der Leiter zur Lösung machen, wenn ich mit einem Fuß auf der ersten Stufe stehen bleibe!

Mord ist eine eindeutige Angelegenheit, die wir alle ablehnen, ohne Frage. Dennoch gehört Mord seit Menschengedenken zu unserer Realität! Wenn ich also von einem Mord erfahre, dann kann ich mich zwar darüber aufregen und empört sein, gewiss. Was ließe sich damit aber erreichen?

Es macht für mich keinen Sinn, einen Mord nicht zu akzeptieren*, da er bereits geschehen ist und somit zur

* Siehe Vorbemerkung bezüglich des Begriffs „akzeptieren" auf Seite 99.

Realität gehört. Dennoch ist für mich ganz klar, was ich über einen Mord als Methode zur Problemlösung denke und dass für mich in elementarer Klarheit gilt, dass ich nie selbst einen Mord begehen darf und werde. Dass ein Mord zur Realität gehört, beweist ja nicht dessen Legitimität!

Wie kann aber das Ziel heißen, das hier erreicht werden soll? Natürlich: weniger bzw. gar keine Morde mehr. Haben bislang Empörung, Abscheu und Ängste die Zahl der Morde reduziert? Auch ohne statistische Zahlen vermute ich als Antwort: nein. Darum suche ich nach Alternativen.

Sinnvoll ist hier wieder der Wechsel von einem „problemorientierten" zu einem „lösungsorientierten" Blick. Da ich meine Energie nicht im sinnlosen Kampf gegen die „Wand der Realität" vergeude, mit dem ich ohnehin diese Realität nicht nachträglich verändern kann, bleibt genügend Energie, um mich um konstruktive Lösungen zu bemühen bzw. um meinen Anteil daran zu vergrößern, zu einer besseren künftigen Realität beizutragen. Für mich heißt die konkrete Frage: Kann ich etwas dazu beitragen, dass weniger Morde geschehen? Wenn ja, dann tue ich es. Wenn nein, dann nehme ich es so hin und vertraue auf Antworten in der Zukunft. Das ist ja das Ziel, das wir alle haben: ein besseres Morgen!

Es macht keinen Sinn, die heutigen Ereignisse nicht zu akzeptieren, da sie bereits geschehen sind.

Die schlichten drei Sätze (Es ist, wie es ist, usw.) haben einen Patienten, den ich in der Klinik psychotherapeutisch betreute, dazu veranlasst, mir ein halbes Jahr nach seiner Entlassung Folgendes in einem Brief zu schreiben: „Ich hätte Sie während der Therapie manchmal erwürgen können, diesen Therapeuten mit seiner ekelerregenden Schicksalsergebenheit! ... Aber: Ich habe es nun begriffen! Die besten Möglichkeiten, um Lösungen für Probleme zu finden, habe ich, wenn ich diese zunächst ohne Hadern akzeptiere!“ Und er schilderte, wie er seine Alltagsprobleme als Rektor einer Schule viel besser lösen konnte und dabei auch noch zufriedener war.

Ich bin von der Notwendigkeit des Loslassens und Akzeptierens in meinem Innersten überzeugt. Diese Überzeugung begleitet mich tagtäglich.

Und so sehe und lese ich all die Nachrichten der unterschiedlichsten Art, auch in ihrer Einseitigkeit der Darstellung. Doch diese Überzeugung lässt mich ruhig und gelassen bleiben. Und nur in dieser Gelassenheit gelingt es mir immer wieder, gedanklich erste Möglichkeiten für eine konstruktive Lösung zu finden. Dies erlebe ich als spannende Ereignisse in meinem Inneren. Sie führen dazu, dass in mir allmählich immer mehr das Vertrauen wächst, dass es auch für noch so schwierige Probleme eine Lösung geben wird. Natürlich ist es mir nicht möglich, all die Probleme der Welt selbst zu lösen oder konkret zur Lösung beizutragen. Aber darum geht es zunächst ja auch nicht. Es geht um ein besseres Lebensgefühl, das überhaupt erst die Voraussetzung für einen Beitrag zur Lösung darstellt. Wie dann der eigene konkrete Beitrag aussehen kann, bleibt weiteren Entscheidungen überlassen. So ist auch dieses Buch ein Teil meines eigenen Beitrags.

Elefantenhaut?

Der Einwand, der verständlicherweise oft gemacht wird, wenn ich von diesem Umgang mit Nachrichten spreche, heißt: Das klingt ja fürchterlich gefühllos! Da muss man ja eine Elefantenhaut haben, von der alles abprallt! Das kann es doch wohl nicht sein!

Menschen mit diesem Einwand haben vollkommen Recht! Es geht nicht darum, ohne Gefühle zu sein bzw. Gefühle nicht an sich heranzulassen.

Eine Welt, in der eigene und andere Gefühle
nicht mehr wahrgenommen werden,
sehe ich als eine Welt zum Fürchten.

Sie werden es sich wohl denken können: Ich selbst besitze *keine* Elefantenhaut, sondern eine große Sensibilität. Entscheidend ist doch, wie Sie Ihre Sensibilität nutzen! Sie befähigt Sie, die Ereignisse der Welt aufmerksam wahrzunehmen, aber auch, damit zu beginnen, innere Mechanismen und Lebensgesetzmäßigkeiten zu erkennen. Je mehr Sie aber davon erkennen, umso eher sehen Sie auch Lösungsmöglichkeiten!

Ich bin sehr dankbar für meine Sensibilität, weil sie es mir ermöglicht, mich zunehmend in dieser Welt zurechtzufinden und Wege aus dem Irrgarten (so erscheint ja vielen das Leben) zu entdecken. So sehe ich aufmerksam die Nachrichten, spüre oft meine Betroffenheit, aber ich bleibe gelassen. Dies ermöglicht mir eine bessere Orientierung.

Sensibilität hilft bei der Orientierung im Leben.

Natürlich sehe ich das Leid und das Elend vieler Menschen. Manchmal kommen mir auch die Tränen. Aber ich unterdrücke diese Tränen nicht, ich nehme sie an und verdränge sie nicht.

Warum sollten Sie sich vor Tränen fürchten?

Ich selbst weiß es inzwischen: Sie tun mir nichts und zeigen mir dabei, dass ich ein lebendiger Mensch bin mit allen Gefühlen: nicht nur freudige und angenehme, sondern auch traurige und schmerzliche Gefühle. Es ist alles da. Welch ein Reichtum!

Da ich diese Gefühle nicht zu bekämpfen brauche, bleibt mir genügend Energie, um weiterzukommen.

Hier zeigt sich aber auch die Notwendigkeit einer inneren Abgrenzung. Also doch eine Abgrenzung? Ja, sicher. Sie ist notwendig, um das bekannte „Burn-out-Syndrom" zu verhindern. Dies ist in der Tat ein ernsthafter Zustand, unter dem zahllose Menschen leiden. Wie aber ist es möglich, dieses „Ausgebranntsein" angesichts der vielfältigen Probleme in der Welt, aber besonders im persönlichen Umfeld, zu verhindern?

Als Argument für die Unvermeidbarkeit des Ausgebranntseins höre ich oft: „Es geht doch nicht anders, mir sind die anderen Menschen doch nicht gleichgültig!"

Gewiss, das soll auch nicht das Ziel sein. Aber ich stelle die eine Frage hier erneut:

Wird uns wirklich zugemutet, unsere Hilfe, Zuwendung und Liebe nur um den Preis des eigenen drohenden Nervenzusammenbruches geben zu können?

Kann das Geben der „heilenden Kraft der Liebe" solch ein negatives Ergebnis bringen? Da kann doch etwas nicht stimmen.

Das Loslassen gilt auch hier. Es ist notwendig, das Problem des anderen „loszulassen", d.h. von sich selbst loszulassen und es bei dem anderen zu belassen. Probleme werden viel zu häufig übertragen. Ich sage in der Tat: „Es ist *dein* Problem, nicht meins." Ich habe viele empörte Reaktionen erlebt: „Das kann man doch nicht machen! Das ist ja lieblos!" Auf den ersten Blick sind diese Kommentare nachvollziehbar. Aber: Indem Sie das

Problem beim anderen belassen und es nicht zu einem eigenen Problem machen, bleiben Sie ruhig und gelassen. Sie behalten Ihre Energie und Zuversicht. Und dann, und *nur dann(!)*, sind Sie in der Lage, diesem Menschen Ihr Engagement, Ihre Zuwendung, Ihre Liebe in wirkungsvoller Weise zu geben!

Die „innere Abgrenzung" führt nicht zu einer Elefantenhaut und einem lieblosen Umgang mit anderen, im Gegenteil! Sie versetzt Sie überhaupt erst in die Lage, dort zu helfen und dort zu wirken, wo und wie Sie es nach eigener Entscheidung tun wollen.

Das Problem beim anderen belassen gibt Ihnen Energie für Ihre Hilfe.

So ist es möglich, das Leid der Welt, die Not der Menschen wahrzunehmen, nicht zu verdrängen und zu ignorieren, aber auch nicht auf sich selbst zu übertragen und selbst darunter zu leiden. Damit wäre das Leid noch vermehrt worden: „Geteiltes Leid gleich doppeltes Leid." Können Sie damit effektiver die Probleme lösen oder die Zukunft gestalten?

Mit dieser „inneren Abgrenzung" wird es Ihnen gelingen, die Probleme anderer Menschen zu sehen und effektiv helfen zu können, ohne selbst darunter zu leiden! Wir werden sicherlich nicht wie Mutter Theresa sein, aber sie hat gezeigt, dass es so funktioniert.

Es ist möglich, die schlechten Nachrichten loszulassen (ohne sie zu ignorieren!), ihnen keine Macht über sich selbst zu geben, die eigene Energie zu behalten, die dringend notwendig ist, eben um zu einer Lösung der Probleme beitragen zu können.

Gedankliche Korrekturen

Das Lesen und Sehen von Nachrichten zeigt mir aber auch eine weitere, nicht weniger wichtige Notwendigkeit. Ich habe Ihnen bereits die häufigsten gedanklichen Fehler, Verzerrungen und Filter beschrieben, die gedanklichen Grundannahmen und automatischen Gedanken. Weil es mir so wichtig ist, wiederhole ich hier die Definition von gedanklichen Fehlern:

Was Sie von Ihrer Umgebung wahrnehmen, wird von Ihren eigenen Grundannahmen gefiltert und durch Ihre eigenen Gedankenmuster und automatischen Gedanken geprägt und verändert. Was dann entstanden ist, ist Ihr eigener, persönlich „eingefärbter" Eindruck der Dinge, die um Sie herum geschehen.

Ich mache mir immer wieder bewusst, dass das, was ich erfahre, nur ein Teil dessen ist, was wirklich geschehen ist. Ich bemühe mich um den Blick auf den anderen Teil der Realität, der nicht Bestandteil der Nachrichten ist, dennoch aber vorhanden sein kann. Ich rufe mir einige wichtige und häufige Gedankenfehler wieder ins Gedächtnis:

- Alles-oder-nichts-Denken
- Übertreibende Verallgemeinerung
- Geistige Filter
- Voreilige Schlussfolgerungen/Vorurteile
- Emotionale Beweisführung
- Persönlich nehmen

Vielleicht mögen Sie noch einmal im Kapitel „Gedankliche Fehler" über diese folgenreichen Gedankenmuster lesen. Es kann zu einer guten Angewohnheit werden, bei einer negativen Nachricht den Blick auf den möglichen, aber unausgesprochenen bzw. gegenteiligen Aspekt einer Nachricht zu lenken.

Wenn Sie von einem schlimmen Verkehrsunfall erfahren, dann können Sie sich darüber klar werden, wie viele Verkehrsteilnehmer tagtäglich ohne Schaden ihr Ziel erreichen. Wird jemand auf der Straße überfallen, so hilft der Blick auf die hunderttausende von Menschen, die täglich unbeschadet auf der Straße gehen. Die Nachrichten spiegeln allerdings die *Möglichkeit* wieder, tatsächlich zu Schaden zu kommen.

Wenn Sie erkennen, dass die tatsächliche Wahrscheinlichkeit, dass Ihnen etwas widerfährt, denkbar gering ist, so können Sie gerade das Wissen um diese Möglichkeit nutzen, um selbst achtsam und nicht leichtsinnig zu sein – aber ohne Angst.

Es geschehen tagtäglich schlimme Dinge, ob Sie davon erfahren oder nicht. Dabei ändert sich für Sie an der Wahrscheinlichkeit, dass Ihnen das Gleiche passiert, eigentlich nichts. Allein die Tatsache, dass Sie nun davon erfahren, heißt ja nicht, dass dies plötzlich mit höherer Wahrscheinlichkeit auch Ihnen selbst widerfährt! (Erinnern Sie sich an die Frau, die Angst hatte, an Aids zu erkranken, nur weil sie so viel darüber gelesen hatte.) Wenn sich also für Sie konkret nichts ändert, dann gibt es auch keinen Anlass zur Beunruhigung, nicht wahr?

Bedeutet das Erfahren schlechter Nachrichten eine Erhöhung der Wahrscheinlichkeit, dass Ihnen selbst etwas Ähnliches passiert?

Die Realität ist so, wie sie ist. Erfahren Sie aber davon, so ändert sich konkret nichts für Sie. Das bedeutet, dass Sie gelassen bleiben können.

Wenn Sie sich bei „schlechten Nachrichten" immer wieder bewusst machen, dass dies nur ein Teil der Realität ist, provoziert noch durch die Gier vieler Menschen nach eben diesen schlechten Nachrichten, so gelingt Ihnen zunehmend eine objektivere Einordnung dieser Geschehnisse. Es kann Ihnen dann auch schon zur Gewohnheit werden, nach Hintergründen und Lösungsansätzen zu fragen. Dies bleibt dann natürlich nicht ohne Wirkung auf eben diese Ereignisse. Diese Wirkung mag sehr gering sein, aber wenn es hunderttausende von Menschen tun ...?

Voreilige Schlüsse, Verallgemeinerungen, einseitiges Denken und Vorurteile haben in der Vergangenheit der Menschheit immer wieder zu den schlimmsten und unerfreulichsten Ereignissen, ja zu Kriegen und Folter geführt.

Es ist notwendig, jene Denkweisen in Frage zu stellen
und zu verändern,
die bisher zu den schlimmsten Ereignissen beigetragen haben!

Jede Veränderung beginnt in Ihnen selbst. Sie können also Nachrichten quasi als „Trainingsstunde" sehen, um bisherige Denkmuster zu verändern. Es ist nicht möglich, die Ereignisse auf der Welt konstruktiv zu verändern, wenn Sie diese alten Denkmuster mit all ihren leidvollen Folgen beibehalten!

Ich erinnere Sie noch einmal an den Grundsatz, der seit tausenden von Jahren Gültigkeit hat: Nicht die Dinge selbst beunruhigen die Menschen, sondern ihre eigenen Gedanken über diese Dinge.

Es ist möglich, über ein Ereignis so oder so zu denken. Diese Freiheit wurde uns Menschen mitgegeben. Da Gedanken aber Wirkungen zeigen, ist dies von entscheidender Bedeutung. Machen Sie also von Ihrer Entscheidungsfreiheit Gebrauch!

Der Blick in die Zukunft

Mir ist die Bedeutung des Blickes in die Zukunft sehr bewusst. Ich habe selbst nach dem Verlust meiner Existenz vor dem „Nichts" gestanden und weiß genau, welche Ängste bei diesem Blick auftreten können. Aber ich weiß nun, dass es mir möglich ist, besonders in schwierigen Zeiten den Blick nach vorn zu richten, ohne dass mir die Ängste die Luft zum Atmen nehmen.

Mein ganzes erstes Buch habe ich dem Thema gewidmet, wie es möglich sein kann, sich für ein erfülltes Leben zu entscheiden, was gerade in schwierigen Zeiten von großer Wichtigkeit ist. Die folgende Beschreibung einer Szene aus diesem Buch ist sehr gut geeignet, bildlich wiederzugeben, was ich ausdrücken will:

Stellen Sie sich einen dieser Siedler-Trecks vor, die im 19. Jahrhundert mit ihren Planwagen in Nordamerika gen Westen zogen, um neues Siedlungsland zu finden. Eines Tages stehen sie auf einem Hügel und sehen in der Ferne den breiten Mississippi. Ein allgemeines Wehklagen erhebt sich: „Wie sollen wir denn bloß darüber kommen? War die ganze Reise umsonst? Wo sollen wir denn sonst hin?" Angst, Verzweiflung, Sorgen, im besten Fall Ratlosigkeit machen sich breit. Niedergedrückt und ängstlich machen sie sich wieder auf die Reise, eigentlich ohne große Hoffnung, bis sie schließlich nach zwei Tagen am Ufer des Mississippi stehen. Nun wird ein Späher nach Norden, ein anderer nach Süden geschickt. Nach einer Stunde kommen sie zurück und melden: Im Norden sei eine Furt, da könne man recht gut den Fluss überqueren. Die Reise kann also erleichtert weitergehen. Nun ist aber die Frage: Was waren das für zwei Tage, die zwischen dem Ausblick und dem Finden einer Furt lagen? Können Sie sich die Sorgen der Siedler vorstellen?

Wie oft haben Sie auf einem „Aussichtspunkt des Lebens“ gestanden und haben geschaut und voller Schrecken einen „breiten Fluss“ gesehen? Wie oft haben Sie gedacht: Oh weh, das schaffe ich nie? Wie soll das bloß werden? Es folgen schlaflose, angst- und sorgenvolle Nächte.

Stellen Sie sich die zweite Version der Geschichte vor: Da stehen die Siedler auf der Höhe des Hügels und erblicken den Mississippi. „O.k.“, sagen sie, „da wird es wohl bald ein Problem geben. Nun, wir werden sehen.“ Sie machen sich auf die letzten zwei Tage der Reise und sind allenfalls neugierig auf das, was sie erwartet. Schließlich stehen sie auch am Ufer des Flusses. Das Weitere kennen Sie ja.

Wer wohl hat die angenehmere Reise gehabt?

Entscheiden Sie, wie Sie einen Fluss überqueren, erst dann, wenn Sie am Fluss angekommen sind.

Schauen Sie zurück auf Ihr bisheriges Leben. Wie viele Sorgen, die Sie sich um eine bestimmte Situation *gemacht* haben, wie viele Ängste stellten sich im Nachhinein als überflüssig heraus? Wenn ich Menschen diese Frage stelle, dann höre ich meist Antworten wie: „Fast alle.“

Wenn sich aber in der Vergangenheit „fast alle“ Sorgen und Ängste sich als überflüssig herausgestellt haben, kann es dann nicht möglich sein, bereits in der Gegenwart „fast alle“ Sorgen und Ängste „über Bord zu werfen“? Welche schwierigen Situationen, welche Probleme, welche Herausforderungen haben Sie bestanden? Welchen Weg haben Sie bereits zurückgelegt?

Wenn fast alle Ängste der Vergangenheit unnötig waren, werden wohl auch heute fast alle Ängste unnötig sein.

Wie ist Ihre Situation heute? Ich nehme an, Sie sind nicht verhungert, Sie sind bekleidet, Sie haben eine Wohnung zum Leben und Schlafen und – ich sage es bewusst so banal – Sie sind lebendig! Sie haben also, unabhängig davon, wie alt Sie nun sind und wie Ihre konkrete Situation auch sein mag, in der Vergangenheit die Erfahrung gemacht, dass Sie alles hatten, was Sie *wirklich* gebraucht haben.

Ich mache hier eine sehr schlichte Rechnung auf: Wenn Sie in der Vergangenheit das alles geschafft und es überlebt haben, dann werden Sie es wohl auch künftig tun. Für diese Annahme spricht auch ein ganz entscheidender Vorteil! Sie haben Lebenserfahrung gesammelt! Wenn Sie es also früher *ohne* diese Erfahrung dennoch bis heute geschafft haben, wie wird es Ihnen denn *mit* zunehmender Lebenserfahrung gelingen? Dafür ist allerdings von entscheidender Wichtigkeit, wie Sie diese Erfahrungen nutzen und welche Erkenntnisse Sie daraus ziehen.

Was Sie früher ohne Erfahrung geschafft haben, werden Sie künftig mit Ihrer Lebenserfahrung besser schaffen.

Vielleicht spielt es eine Rolle, welche Erwartungen Sie an Ihr Leben stellen. Sind diese Erwartungen realistisch? Sind sie überzogen? Je überzogener und anspruchsvoller diese Erwartungen sind, umso eher können Sie die Erfahrung machen, vom Leben enttäuscht zu werden, und zu der Überzeugung kommen, dass Ihnen in Ihrem Leben nichts gelingt. Dann allerdings ist der Weg gebahnt für künftige Sorgen und Ängste.

Heißt dies nun, dass Sie von Ihrem Leben nicht viel erwarten dürfen? Soll Verzicht Ihr Lebensziel sein? Sie können beruhigt sein: natürlich nicht! Natürlich geht es um die Lebensfreude!

Es gehört zu den rätselhaften, aber wunderbaren Paradoxien im Leben, dass Sie etwas umso eher erhalten, je mehr Sie bereit sind, es loszulassen. Sie mögen erstaunt die Stirn runzeln. Denken Sie aber an folgendes Beispiel:

Sie möchten unbedingt davon berichten, dass Sie gestern einen „Herrn ???“ getroffen haben, aber der Name fällt Ihnen nicht mehr ein. Obwohl er Ihnen auf der Zunge liegt, gelingt es Ihnen nicht, etwas anderes als „Herrn ... ähm ... Dings ...“ zu sagen. Krampfhaft überlegen Sie längere Zeit, allerdings ohne den gewünschten Erfolg. Schließlich verzichten Sie darauf, erzählen weiter und – siehe da! – kurze Zeit später fällt Ihnen der Name plötzlich spontan doch noch ein!

Was ist hier geschehen? Sie sehen wieder die Notwendigkeit des Loslassens. Stellen Sie sich Ihre Lebensereignisse als Stromkreis vor, der durch Sie hindurchströmt. Sehen Sie es ruhig so, dass durch Ihre angespannten und verkrampften Bemühungen sich Ihr „innerer Widerstand“ erhöht. Dadurch wird weniger Strom fließen. Lassen Sie los, erlischt der Widerstand, der Strom kann wieder fließen.

In einem Seminar für Führungskräfte in der Wirtschaft wurde den Teilnehmern folgender Satz präsentiert:

Die Hindernisse am Erreichen Ihres Zieles
sind Ihre Bemühungen, dieses Ziel zu erreichen.

Dies mag etwas überspitzt formuliert sein, zeigt aber den wahren Kern. Auch hier sehen Sie das Prinzip der Polarität des Lebens. Einerseits haben Sie Ihr Ziel und werden das tun, was Ihnen momentan möglich ist. Andererseits treten Sie „zur Seite“ und *lassen* geschehen! Eine Bestellkarte an das „Großversandhaus des Lebens“ (Verdeutlichung Ihres Zieles) kommt nicht an, wenn Sie sie ständig in der Hand halten. Sie müssen sie schon loslassen, sinngemäß „in den Briefkasten werfen“.

Ihr Ziel werden Sie mit Hilfe Ihrer Gedanken formulieren. Gedanken haben Macht (denken Sie an die Gedanken eines Martin Luther, sie haben die Welt verändert!) und tragen die Tendenz der Verwirklichung in sich. Es sind Saatkörner, die im Leben aufgehen. Wenn Sie aber Weizen ernten wollen, sollten Sie auch Weizensaat nehmen! Einem Gärtner muss ich nicht diese einfachen Zusammenhänge der Lebensgestaltung erläutern.

Wie viele negative Gedanken lassen Sie zu? Gedanken wie Skepsis, Misstrauen und Zweifel eignen sich wunderbar dazu, Ihre gedanklichen „Aufträge“ wieder zu stornieren. Dann haben Sie auch gleich eine Bestätigung für die Richtigkeit Ihrer Zweifel: eine sich selbst erfüllende Prophezeiung.

Sie haben also durchaus „Werkzeuge“, die es Ihnen ermöglichen, Ihr künftiges Leben zu gestalten, problematische Situationen zu meistern und letztlich gestärkt und mit größerer Erfahrung daraus hervorzugehen. Sie haben alles Mögliche bereits geschafft, Sie haben gelernt, warum manches in Ihrem Leben nicht funktioniert hat (Sorgen, Misstrauen), Sie haben sich dafür entschieden, zunehmendes Vertrauen finden zu wollen, Sie kennen die Möglichkeiten Ihrer Gedanken und Ihrer Impulse, die Sie dem Leben aussenden (Resonanzprinzip), und vieles mehr. Ist dies nicht ein überzeugendes Instrumentarium, das es Ihnen ermöglichen wird, künftigen Herausforderungen besser zu begegnen?

Wenn Sie sich dies in all seiner Bedeutung klar machen, werden Sie eine zunehmende innere Gelassenheit spüren. Für Ängste wird immer weniger Platz sein. Es wird Ihnen möglich sein, folgende schlichte Sätze zu verinnerlichen:

Für mich ist gesorgt. Ich habe immer alles, was ich wirklich brauche. Ich werde zur rechten Zeit meine Ziele erreichen.

Diese Sätze tun zuverlässig ihre Wirkung. Dies habe ich selbst erfahren, was es mir ermöglicht hat, auch in sehr schweren Zeiten weiterzugehen.

Und was ist, wenn denn tatsächlich etwas schief geht, wenn sich tatsächlich eine Befürchtung bewahrheiten sollte und wirklich eine höchst unerfreuliche oder leidvolle Situation entsteht? Ich habe für mich eine schlichte Antwort gefunden: Es steht eine „neue Runde“ an. Ich vertraue darauf, auch diese Situation zu bewältigen, werde mich erneut um ein „lösungsorientiertes“ Vorgehen bemühen und mich darauf konzentrieren, was ich *tatsächlich* tun kann. Ich habe dies im Kapitel „Vertrauen in die Lösung“ beschrieben.

Ich fürchte mich nicht vor so genannten „Misserfolgen“, weil es für mich hier immer etwas zu lernen gibt. Bin ich überhaupt in der Lage zu beurteilen, was ein Misserfolg ist und was nicht? Ich selbst empfinde dies inzwischen schon fast als Anmaßung. Wie viele „Misserfolge“ stellen sich im Nachhinein als „Erfolg“ heraus!

Daher will ich an dieser Stelle auch meine Widmung aus meinem ersten Buch zitieren: In Dankbarkeit für die reichen und wertvollen Erfahrungen, die ich gerade in schwierigen Zeiten machen durfte.

So gehe ich mit Gelassenheit, Achtsamkeit, mit Vertrauen, ohne Ängste und Sorgen, immer weiter. Das

Leben ist für mich gewiss nicht leicht, jedoch erfüllt und reich. Das ist ein sehr gutes Gefühl und ein wichtiger Bestandteil der Freude am Leben.

Wovor also sollte ich mich noch fürchten?

Bedrohlich empfundene Situationen

Hier bin ich nun an einem zentralen Punkt angekommen. Ist es nicht die Furcht vor bedrohlichen Situationen, die Ihnen immer wieder das Leben schwer macht? Sind dies nicht die Ängste, die Sie aus Ihrem bisherigen Leben in allen Variationen kennen?

Ich habe im ersten Kapitel stichwortartig wichtige Bereiche angesprochen, in denen ausgesprochen heftige und lähmende Ängste erlebt werden. Nun stehe ich vor der Aufgabe, Ihnen einen sinnvollen und konstruktiven Umgang mit diesen elementaren und bedeutsamen Problemen nahe zu legen. Diese Aufgabe ist nicht leicht, und ich spüre, dass ich selbst vieles nicht weiß und selbst immer wieder auch Rückschläge erlebe. Dennoch werde ich damit beginnen. Mir wurde öfters die Frage gestellt, ob es mir denn selbst gelänge, dies alles umzusetzen und in meinem Leben genauso zu praktizieren.

Die Antwort wird Sie nicht überraschen: Auch für mich stellt all dies eine alltägliche Herausforderung dar, die mir oft gelingt, manchmal aber auch nicht. Es gelingt mir „nicht immer, aber immer öfter"!

Ich bin nur in der Lage, dieses Buch zu schreiben, weil ich nicht den Anspruch erhebe, die „Weisheit der Welt" zu verkünden, sondern um Ihnen mein eigenes, persönlich erworbenes Wissen vorzustellen. Sie kennen bereits die „Einladung", die damit verbunden ist: Mögen Sie angeregt werden, sich Ihr eigenes Wissen zu erwerben

und Ihre eigenen Möglichkeiten für einen sinnvollen Umgang mit den Ereignissen unserer Welt zu finden.
Nun werde ich die eingangs aufgezählten Themen kurz ansprechen:

Krieg, Terror, Gewalt

Ich sehe mit großer Fassungslosigkeit, wie Menschen nach wie vor zu dem Mittel der Gewalt greifen, obwohl dies seit tausenden von Jahren keinen dauerhaften Erfolg gebracht hat. Ob es wirklich zu einer Eskalierung der Gewalt gekommen ist, vermag ich nicht zu sagen. Bei der Lektüre von Grausamkeiten aus dem Mittelalter kommen mir Zweifel. Allerdings war es damals noch nicht möglich, mit dem Waffenarsenal die Welt zu zerstören.

Aber ist der Unterschied von so großer Bedeutung? Wird das Leid eines Menschen, dem Gewalt angetan wird, dann größer, wenn zahllose andere Menschen das Gleiche erleben? Oder wird es geringer, wenn andere es nicht erleben? Dem einen Menschen, der gefoltert wird, wird dies vollkommen gleichgültig sein. Er spürt „nur" den eigenen Schmerz.

Natürlich stelle ich auch bei diesem Thema die bereits erwähnten aufmerksamen Überlegungen an und achte auf möglichst wenige gedankliche Fehler (die ja zur Gewalt in der Welt beitragen können!). So ist mir bei dem Wissen um die verschiedenen Formen der Gewalt auch wichtig, mir klar zu machen, in welch weiten Bereichen der Menschheit es eben *keine* Gewalt gibt.

Gewalt zerstört. Wenn aber etwas zerstört ist, kann dort etwas Neues entstehen. Wenn also eine „neue Welt" entstehen soll (wie aus Schillers „Ode an die Freude": Alle Menschen werden Brüder), kann es sein, dass es auch bei der jetzigen Zerstörung eine Möglichkeit gibt, dieses Ziel zu erreichen? Ich wage es durchaus, diese Frage zu stellen. Sie soll dabei jedoch nicht auch nur ansatzweise die Gewalt legitimieren!

Wie schon gesagt: Ich kann Kriege und Gewalt der Vergangenheit und Gegenwart nicht „nicht akzeptieren“, weil sie schon geschehen sind. Das heißt natürlich nicht, diese gutzuheißen! Aber wenn sie nun mal geschehen und nicht rückgängig zu machen sind, blicke ich auf die damit verbundenen Chancen, z.B. eben auch auf den „Wiederaufbau der Welt“. Gleichzeitig bemühe ich mich darum, Möglichkeiten für eine Gestaltung der künftigen Welt *ohne* diese Gewalt zu finden.

Wenn mir selbst Gewalt angetan werden sollte, so ist dies sicherlich eine der schlimmsten Erfahrungen für mich, keine Frage. Aber das Wissen, dass dies zahllosen Menschen auch geschehen ist und zeitlich begrenzt ist, lässt mich darauf vertrauen, dass auch ich es überstehen werde. Natürlich kann die zeitliche Begrenzung auch im eigenen Tod liegen. Aber auch hiervor fürchte ich mich nicht, da dann der Schmerz beendet sein wird und der Beginn von etwas Neuem vor mir liegen kann.

Meine Ängste davor, Gewalt zu erfahren, wird diese Erfahrung der Gewalt nicht verhindern, eher im Gegenteil. Es ist daher mein Ziel, mit meinen gedanklichen Energien zu einer Gewaltlosigkeit beizutragen. Solange diese noch nicht erreicht ist, verhalte ich mich in meinem Leben natürlich nicht leichtsinnig, sondern achtsam und aufmerksam, aber immer voller Vertrauen.

Schadstoffe, Strahlung

„Was können wir denn überhaupt noch essen?“, lautete eine Schlagzeile. Die Belastung unserer Umwelt, insbesondere unserer Nahrung, lässt sich nicht wegdiskutieren. Dieser Realität können wir kaum entrinnen. Wir können nicht alle auf einer unberührten Südsee-Insel leben.

Wie beim Umgang mit anderen unerfreulichen Realitäten, so zeigen sich auch hier die beiden Fragen: Was können Sie tun, um sich wohler zu fühlen? Was können Sie tun, um diese Realität zu verbessern? Ob Ärger, Hadern, Ängste und Sorgen Sie dazu befähigen, hier eindrucksvolle Erfolge zu erzielen, bleibt dahingestellt. Sie wissen ja, dass ich da meine Zweifel habe.

Natürlich spielen auch hier die vielen gedanklichen Fehler eine große Rolle. So achte ich bei den vielen Nachrichten auch auf diesem Gebiet auf eine Verringerung der verzerrten Wahrnehmung. Ich denke dabei z.B. an das Acrylamid, das 2002 durch sein Auftauchen in Chips und Keksen in die Schlagzeilen kam und für erhebliche Verunsicherung sorgte. Der Umstand, dass diese Substanz beim Braten der Nahrung entsteht und seit Jahrtausenden zum Alltag der Menschen gehört, wurde sehr wenig beachtet.

Natürlich haben Schadstoffe in der Nahrung nichts zu suchen. Es ist daher vollkommen richtig, Missstände aufzudecken und zu beheben. Mit welcher inneren Haltung kann dies aber am effektivsten geschehen? Von jemandem, der Menschen in schwierigen Lagen betreut, hörte ich einmal eine verkürzte Version der bekannten drei Sätze (Es ist, wie es ist. Ich akzeptiere, wie es ist. Und nun gehe ich den nächsten Schritt). Bei ihm hieß es schlicht und einfach: „Nicht meckern, sondern machen!"

Einen dringenden Handlungsbedarf erkennen bedeutet für mich: Ich spüre meine Energie und kann handeln. Je mehr ich diese Energie in Ärger, Ängsten und Sorgen vergeude, umso weniger habe ich für effektives Handeln.

Ob dieses Handeln im Engagement in Politik, Wirtschaft, Interessenverbänden etc. oder eher im Boykottieren von entsprechenden Produkten usw. liegt, muss jeder für sich selbst entscheiden.

Solange aber noch keine eindeutigen Erfolge eingetreten sind, bleibt für mich die Frage, mit welcher inneren Haltung ernähre ich mich heute? Meine Antwort heißt: Ich vertraue auf die Funktionen meines Körpers, insbesondere auch auf seine Abwehrfunktionen. Die Abhängigkeit der Immunstärke von psychischen Gegebenheiten ist inzwischen wissenschaftlich belegt (Psycho-Immunologie). Je mehr ich meinem Körper Vertrauen schenke, desto besser wird er funktionieren (siehe auch meine Erfahrungen in der Schwangerschaftsvorsorge). Ebenso wird er dann umso eher mit Schadstoffen umgehen können. Darum esse ich mit Freude und Genuss (auch mal weniger „gesunde" Nahrung), fühle mich dabei gesund, bin aber achtsam und nicht leichtsinnig und achte auf gute Ernährung. Dies funktioniert sehr gut.

Ich kenne Menschen, die sich mit großen Sorgen und Misstrauen ausschließlich „gesund" ernähren, dabei aber unzufrieden, ängstlich und kränklich sind sowie kaum noch Lebensfreude haben. Sie wirken oft regelrecht „verbiestert". Kann dies das Ergebnis einer „gesunden Ernährung" sein?

Ich bin davon überzeugt, dass die innere Haltung sehr entscheidend dazu beiträgt, wie Umwelteinflüsse auf mich wirken. Ich bin nicht nur das Opfer dieser Einflüsse, sondern kann auch meine gedanklichen Möglichkeiten und eigene Energien nutzen, selbst meine Befindlichkeit zu beeinflussen. Darum kann ich auch Berichte über Wasseradern, Störfelder u.Ä. kaum nachvollziehen.

Unfälle, Krankheiten, Katastrophen

Natürlich ist mir bewusst, was so alles geschehen kann, welche Unfälle, Katastrophen, Krankheiten, Gewalttätigkeiten usw. möglich sind. Ich habe als Frauenarzt viel erlebt, darüber hinaus aber erfahre ich es aus den Nachrichten und unterschiedlichsten Quellen. Tagtäglich lebe ich in „Lebensgefahr" und kann im Mittelpunkt eines höchst unerfreulichen Ereignisses stehen.

Und dennoch: Ich lebe! Ich sehe die Schönheiten und Freuden des Lebens und lebe in aller Zufriedenheit und Gelassenheit. Ich spüre meine Lebensenergie, die es mir ermöglicht, immer weiter zu gehen.

Für mich ist dies kein Widerspruch, sondern eine Frage der inneren Entscheidung. Ich habe mich dazu entschieden, im „Hier und Jetzt" zu leben, denn es ist der einzige Zeitpunkt, an dem ich meine Lebendigkeit spüren kann. Auch für Sie gibt es nur einen einzigen Zeitpunkt, an dem Sie *leben!* Das ist heute bzw. in *dieser* Minute!

Das Vertrauen ermöglicht es uns, den Lauf der Ereignisse des morgigen Tages in einiger Gelassenheit abzuwarten. Überlegen Sie, wie Sie einen Fluss überqueren, erst dann, wenn Sie am Fluss angekommen sind. Das Vertrauen erleichtert die Ausrichtung auf die Lösung, die dann umso eher eintreten wird.

Auch hier achte ich darauf, die Wahrscheinlichkeit (oder besser: die Unwahrscheinlichkeit) zu erkennen, mit der ich krank werden oder einen Unfall erleiden könnte. So heißt in der Medizin „relativ häufig" eine Wahrscheinlichkeit von ca. 0,1%. Das bedeutet hier: Von 1000 Menschen erkrankt in einem Jahr ein Mensch. Dies mag in der Tat auf den ersten Blick gar nicht so selten erscheinen. Anders ausgedrückt heißt dies aber, dass ein Mensch in 1000 Jahren einmal erkrankt. Eintausend

Jahre sind eine lange Zeit. Wenn ich mir Letzteres klar mache, kann ich sehr ruhig bleiben und lasse mich von dem „relativ häufig“ nicht irritieren.

Und wenn dann *doch* etwas passiert? Wenn ich *doch* krank werde bzw. einen Unfall erleide?

Für mich haben alle Ereignisse einen Hintergrund, auch wenn ich ihn oft nicht erkenne. Diese Ereignisse können Aufgaben sein, nach deren Erledigung ich meinem eigentlichen Lebensziel näher kommen kann. Zumindest aber werde ich anschließend um einige Erfahrungen klüger und reicher sein.

Wenn also etwas „passiert“, dann atme ich tief durch und sage zu mir: „O.k., sei's drum, auf geht's!“ Leicht gesagt, natürlich. Früher fiel mir dies überhaupt nicht leicht, aber inzwischen weiß ich, dass ich nur so weiterkomme.

Inzwischen weiß ich auch, dass ich alle Situationen meistern kann. Die Begründung mag Ihnen rätselhaft erscheinen, aber für mich lautet sie: Sonst hätte ich dieses Problem nicht.

Was kann ich aber tun, wenn ich befürchte, dass es meine Familie betrifft? Aus eigener Erfahrung mit meinen Kindern weiß ich, dass die Vorstellung, dass meinen Lieben etwas geschieht, schwer zu ertragen sein kann. Aber auch hier gilt für mich dasselbe. In dem Abschnitt „Wirkung von Sorgen“ habe ich beschrieben, wie es möglich sein kann, gerade einem Menschen, der mir am Herzen liegt, mit meiner inneren Haltung wirksam (!) Liebe und Vertrauen zu geben. Nur so kann ich z.B. meinem Kind eine liebevolle und hilfreiche Begleitung bei der Bewältigung seiner *eigenen* Lebensaufgaben sein.

Krankheiten bzw. Unfälle passieren mir nicht aus „Zufall“ oder von einem „bösen“ Schicksal. Sie „fallen mir zu“ oder weisen mich auf eine meiner Lebensaufgaben hin. So bedeuten diese Ereignisse für mich weitere Herausforderungen, denen ich im Vertrauen auf eine Lösung begegne. Dadurch habe ich besonders effektive Möglichkeiten, weiterzukommen.

Gleichzeitig bemühe ich mich durch „freiwilliges Lernen" (Kapitel „Probleme und Leid") und durch Verwendung der „richtigen Stimmgabel" (Kapitel „Resonanz") mein Leben derart zu beeinflussen, dass es seltener zu diesen problematischen Ereignissen kommt, denen ich durch diese Bemühungen quasi den Boden entzogen habe. Für Ängste ist auf diese Weise kaum noch Platz.

Existenzverlust, Arbeitslosigkeit

Nach der Lektüre des bisherigen Textes wird es Sie nicht mehr überraschen, was ich zu diesem Thema sagen werde. Natürlich ist der Verlust der eigenen beruflichen Existenz oder auch die Angst vor diesem Verlust eine sehr ernsthafte Angelegenheit. Dies gilt umso mehr, wenn Sie nicht nur für sich allein sorgen müssen (und dann alles etwas lockerer sehen könnten), sondern wenn Sie für eine Familie mit Kindern sorgen wollen und müssen.

Aber können Sie eine Existenz überhaupt verlieren? Wenn Sie sich an den Satz erinnern „Ich habe immer alles, was ich wirklich brauche", dann werden Sie auch immer eine Basis in Ihrem Leben haben! Es fragt sich allerdings, was dies für eine Basis ist.

Welche Vorstellungen und Erwartungen haben Sie von dieser Basis? Sind es realistische Vorstellungen? Selbst wenn Sie eine berufliche Grundlage in Ihrem Leben haben: Ist die Erwartung realistisch, dass diese für Ihr ganzes Leben Bestand haben soll? Welche Herausforderung kann hinter einem Verlust der derzeitigen beruflichen Basis stehen? Kann es sein, dass es weitergehende Lebensaufgaben für Sie gibt?

Ich denke hier an das bekannte Gedicht *Stufen* von Hermann Hesse, das Sie auf Seite 9 finden. Mein Leben besteht aus einem „Durchschreiten“ verschiedener Lebensräume und das „heiter“, also ohne Ängste. Aber nur wenn Sie den bisherigen Raum verlassen, können Sie einen neuen Raum betreten! So heißt es:

„Und jedem Anfang wohnt ein Zauber inne, der uns beschützt und der uns hilft zu leben.“

Seit es mir gelungen ist, dies zu verinnerlichen, haben sich meine Ängste vor dem Verlust meiner Existenz erheblich reduziert. Der Verlust meiner geliebten Frauenarztarbeit war schmerzlich. Ich habe auch das Sozialamt kennen gelernt. Es ist bitter, auf dem „Abstellgleis“ zu stehen, o ja. Auch Moses wurde als hoch gebildeter Mann einige Jahre als Schafhirte „geparkt“, bis er die Aufgabe erhielt, bei der Befreiung des Volkes Israel (Auszug aus Ägypten) behilflich zu sein. Solche Situationen gilt es zu akzeptieren. Nur so bin ich heute in der Lage, dieses Buch zu schreiben und meinem Leben und meiner Umwelt neue Impulse zu geben.

Einen weiteren Aspekt habe ich bereits beschrieben (Kapitel „Vertrauen in die Lösung“). Er betrifft die Richtung, in die die eigene, aber auch die allgemeine Aufmerksamkeit gerichtet wird. Ich sehe hier meist ein problemorientiertes Vorgehen mit all seinen problematischen Folgen. Denn worauf die Aufmerksamkeit überwiegend gerichtet wird, dorthin fließt die Energie. Ich erlebe es immer wieder, dass die Aufmerksamkeit fast ausschließlich auf den Mangel, auf die Arbeitslosigkeit, auf die Rezession usw. gerichtet wird. Wie aber kann es möglich sein, Wohlstand zu erlangen, wenn wir uns ständig auf den Mangel konzentrieren?

Natürlich ist der aufmerksame und analytische Blick auf die Lage notwendig. Aber findet ein *echter* Wechsel der Orientierung auf die Lösungsmöglichkeiten statt? Schauen Sie in die Nachrichten. Ich habe da so meine Zweifel. Ich bin kein Politiker und kein Mann aus der Wirtschaft. Darum vermag ich momentan nicht, zu konkreten Lösungen beizutragen.

Aber ich stelle die bisherige innere Haltung in Frage. Ich bin davon überzeugt, dass ich selbst jedes Problem (eigentlich) lösen kann. Alles funktioniert – allerdings auf einer Ebene, die ich mit meinem begrenzten Wissen noch nicht erreicht habe. Die Integralrechnung kann ich als Fünftklässler nicht begreifen. Aber nach einigen Jahren der Schule lichtet sich das Geheimnis!

Es gibt also in der Schule des Lebens etwas zu lernen. Aber dieses Lernen kann kaum effektiv mit Hadern, Jammern, Ängsten und Sorgen geschehen. Darum gilt es, mit Vertrauen in die Lösungen, seien sie auch noch so sehr „im Nebel" verborgen, diese Aufgaben anzugehen.

Sie können nicht ein Ziel erreichen,
wenn Sie ständig zurückschauen.

Verlust der Zuwendung

Hier spreche ich eine der Grundängste von uns Menschen an. Wir alle kennen das Gefühl, dass uns etwas Wichtiges fehlt, um uns im Leben so richtig gut zu fühlen. Uns allen ist ein inneres Defizit bewusst, das es auszugleichen gilt.

Nur: Von wo soll der Ausgleich erfolgen? Hoffen wir nicht immer wieder darauf, diesen Ausgleich von anderen zu erhalten? Wie viele Menschen leben in der Hoffnung und Erwartung, dass andere Menschen ihnen durch Zuwendung (Liebe, Verständnis, Fürsorge etc.) dieses Defizit ausgleichen. Sie sitzen sozusagen auf einem „Ast“, den andere Menschen ihnen hinhalten. Was aber, wenn deutlich wird, dass wir diese Art der Zuwendung einmal *nicht* erhalten werden? Besteht dann nicht oft die Angst, leer auszugehen, keinen „Ast“ mehr zu haben, auf dem man sitzen kann?

Diese Angst kann erheblich sein und ist Ursache für viele problematische Verhaltensmuster zwischen Menschen. Oft erinnert mich dieses Muster an zwei Nichtschwimmer, die sich aneinander festhalten. Ich kenne Ehepaare, die deswegen zu ertrinken drohen.

Natürlich ist es möglich, dass Sie sich einen *eigenen* „Ast“ bauen, auf dem Sie in Ihrem Leben sitzen können! Sie können erfahren, woher Sie den so sehnlich erhofften Ausgleich für Ihr inneres Defizit erhalten! Sie können es erreichen, in Ihrem Leben „Selbstversorger“ bzw. autonom zu werden! Damit entlasten Sie auch die Beziehung zu anderen Menschen und kommen somit zu besseren Beziehungen, in denen wahre Zuwendung überhaupt erst möglich ist!

Der tödliche Verlust eines Menschen führt natürlich zur Trauer. Aber sie ist der Gegenpol der Freude und ist untrennbar mit unserem Leben verbunden. Warum also sollten Sie sich davor fürchten? Je mehr die Trauer angenommen und integriert wird, umso mehr können Sie das erkennen, wofür die Trauer steht: z.B. die Freude über eine gemeinsame schöne Zeit. Die Trauer lässt also das Glück aus dieser Zeit deutlich werden. Dadurch verliert die Trauer ihre Schärfe und Sie fühlen den Reichtum des Lebens. Dies wird Ihnen umso eher gelingen, wenn Sie die Zuwendung des verstorbenen Menschen nicht als Grundbedingung für Ihre Lebenszufriedenheit angesehen haben.

Eine zunehmende Autonomie bzw. Eigenfürsorge führt Sie weg von der Angst vor dem Verlust dieser Zuwendung. Ich erinnere Sie an die eigenartige, aber wunderbare Paradoxie des Lebens, durch die Sie etwas mit größerer Wahrscheinlichkeit dann erhalten, wenn Sie es loslassen, also aufhören, dies als Vorbedingung für ein zufriedenes Leben anzusehen.

Nicht der Satz „Nur wenn ich Zuwendung erhalte, bin ich zufrieden" ist sinnvoll, sondern: „Wenn ich selbst dafür sorge, zufrieden zu sein, kann ich auch Zuwendung erhalten." Diese Zuwendung ist dann wie ein kostbares Geschenk, über das Sie sich von Herzen freuen können, und nicht eine zwingende Vorbedingung, die Sie in Ihrem Leben nicht weiterbringt.

Die Frage ist also einerseits, wie es möglich ist, in fürsorglichem, verantwortungsbewusstem und liebevollem Umgang mit sich selbst die Voraussetzungen dafür zu schaffen. Andererseits ist die Frage, woher denn die so dringend benötigte innere Energie, die Liebe, kommen kann. Hierzu finden Sie eigene weiterführende Gedanken im letzten Kapitel.

Wenn Sie diese Quelle gefunden haben und diese Energie spüren, dann bedeutet dies das Ende dieser Ängste.

Negative Gefühle

„Hilfe, ich fühle mich nicht gut!", höre ich oft. „Wieso eigentlich ‚Hilfe!'?", frage ich mich dann. Kann es wirklich sein, dass negative Gefühle als gefährlich, als Bedrohung angesehen werden, für die dann dringend Hilfe notwendig ist?

Ich habe großen Respekt vor diesen Gefühlen, dennoch wage ich es, diese Frage zu stellen. Die ganze Palette solcher Gefühle habe ich selbst erlebt; auch in meiner Arbeit habe ich ständig damit zu tun. Die Möglichkeiten der Reaktionen sind vielfältig und gehen hin bis zum Zusammenbruch.

Worin aber besteht denn der eigentliche Schaden bei negativen Gefühlen? Warum also müssen Sie sich immer wieder davor fürchten? So nachvollziehbar es ist, negative Gefühle als unerfreulich zu erleben, so frage ich doch, warum sie oft regelrecht als bedrohlich angesehen werden und welche Ursachen die damit verbundenen Ängste haben können.

Auf diese Frage erlebe ich immer wieder erstaunte, z. T. auch empörte Reaktionen. Es ist nicht mein Anliegen, diese Emotionen nicht ernst zu nehmen, im Gegenteil! Gerade *wegen* der Wichtigkeit dieser Emotionen in Ihrem Leben sind weiterführende Fragen notwendig. Ich kann an dieser Stelle einige mögliche Antworten lediglich skizzieren, die Sie aber einladen mögen, selbst nach weiteren Antworten zu suchen.

Das Prinzip, das Sie auch auf zahllose andere Situationen anwenden können, heißt, die direkte Verbindung zwischen Ihrem aktuellen Befinden und dessen (vermeintlicher) Ursache in Frage zu stellen. Überlegen Sie sich in allen Situationen, in denen Sie sich nicht gut fühlen: „Was bedeutet dies für mich?" oder noch handfester: „Was hat sich konkret zu meinem Nachteil verändert?" Es wird Ihnen dann, wie in folgendem Beispiel, möglich sein, den wichtigen Unterschied zwischen *Anlass* und *Ursache* Ihrer Ängste zu finden!

Wenn Sie dieses „Herunterfragen" als eine Art „Selbstgespräch" in jenen Situationen anwenden, in denen Sie sich nicht gut fühlen und negative Gefühle spüren, können Sie auf interessante Antworten stoßen. Ich gebe Ihnen ein typisches Beispiel aus meinen therapeutischen Gesprächen wieder. Dabei wird von mir in Variationen im Grunde immer die gleiche Frage gestellt:

„Es geht mir schlecht."

„Und was bedeutet dies für Sie?"

„Ich kann nicht viel zustande bringen."

„Und was bedeutet dies für Sie?"

„Ich kann es dem anderen nicht recht machen."

„Und worin liegt konkret Ihr Schaden dabei?"

„Der andere könnte enttäuscht von mir sein."

„Und was bedeutet das für Sie?"

„Er könnte sich von mir abwenden."

„Und worin liegt Ihr Schaden dabei?"

„Dann habe ich keinen mehr, der mich verstehen könnte."

„Und was ist Ihr Nachteil dabei?"

„Dann fühle ich mich so allein."

„Und was ist dann mit Ihnen?"

„Dann spüre ich einen großen Kummer in mir."

So kann es ohne weiteres sein, dass Sie, wenn es Ihnen schlecht geht, Angst haben, keine Liebe mehr zu bekommen, wenn Sie die (vermeintlichen) Erwartungen anderer einmal nicht erfüllen können. Und wenn Sie nicht gelernt haben, achtsam und liebevoll mit sich selbst umzugehen, wenn Sie nicht autonom sind, sondern sich in gewisser Abhängigkeit von anderen befinden, wenn Sie Ihre eige-

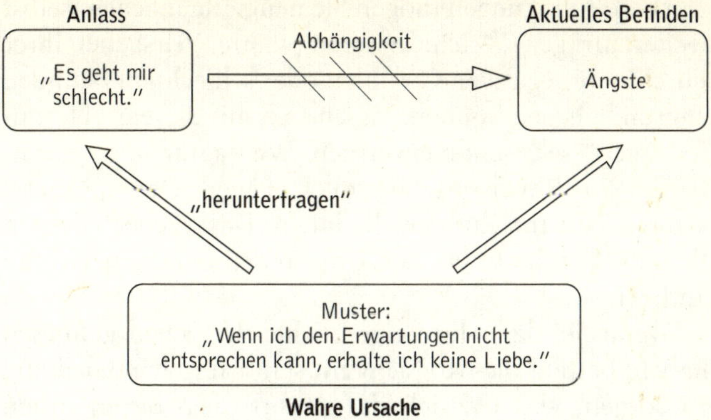

„Herunterfragen": „Was bedeutet das für mich?"
„Was hat sich konkret zu meinem Nachteil verändert?"

nen inneren Energiequellen nicht gefunden haben, dann spüren Sie wirklich einen Grund, sich zu fürchten!

Hier wird der wichtige Unterschied deutlich zwischen dem *Anlass* eines schlechten Befindens und der *wahren Ursache*, für die Sie *selbst* zuständig sind, nicht der andere! Wenn Ihnen diese Unterscheidung klarer wird, werden Sie auch erkennen, dass Ihr eigenes Befinden bzw. Ihre eigenen Ängste nicht direkt abhängig sind von äußeren Ereignissen, den Taten oder Worten anderer Personen. Das bedeutet eine neue, eigene Verantwortlichkeit (Sie können dann nicht mehr sagen: „Ich kann ja nichts dafür, dass ich mich so fühle, schließlich hat der andere sich so und so verhalten"), gleichzeitig jedoch auch eine große neue Freiheit. Wenn Sie selbst für Ihre Befindlichkeit verantwortlich sind, liegt es auch in Ihrer Hand, etwas zu verändern.

Diese Anregungen mögen Sie neugierig machen, selbst weiterzufragen. Welche anderen (wahren) Ursachen Ihrer Furcht vor negativen Gefühlen oder schlechtem Befinden zugrunde liegen können, lassen sich mit diesem „Herunterfragen“ sehr schön enttarnen. Wie sagt man so zutreffend: Wo Rauch ist, ist auch Feuer. Der „Rauch“ symbolisiert Ihr aktuelles Befinden. Das „Feuer“ liegt in Ihnen selbst, *nicht* bei den Umständen oder den Worten anderer.

Wenn Sie dann Ihre eigentlichen Ursachen gefunden haben, besteht die Möglichkeit, selbst für eine Behebung zu sorgen, was letztlich dazu führt, dass Sie in Ihrem Leben autonom und zufriedener sind.

Hier zeigt es sich wieder, was ich Ihnen in den Kapiteln „Allgemeine Aufgaben der Angst“ und „Akzeptieren der Angst“ schilderte: Die Angst ist Ihr Freund und Partner, der Sie an Ihre Aufgaben, an Ihre inneren „Baustellen“ erinnert mit dem Ziel, dass Sie letztlich besser leben können. Darum ist das nächste Kapitel von zentraler Bedeutung.

Integration von Angst und Ängsten

Hier schließt sich der Kreis. Nach einem großen Bogen, in dem Sie über viele inneren Zusammenhänge des Lebens allgemein, aber auch Ihres persönlichen Lebens erfahren haben, wird deutlich, dass es keinen Grund gibt, sich in diesem Leben zu fürchten, weder vor der Zukunft mit all den darin enthaltenen Unwägbarkeiten noch vor Ihren eigenen negativen Gefühlen und auch der Angst selbst!

Nun zeigt sich aber auch, dass meine „wichtige Vorbemerkung“ von Seite 15 an „Wichtigkeit“ verliert. Dort traf ich die Unterscheidung zwischen der natürlichen und lebensnotwendigen „Angst“ und den „Ängsten“, die aus einer unnatürlichen Übersteigerung dieser natürlichen Angst entstehen.

Ängste sind wie Durst.
Erst der Durst führt zum Wasser.

Angst und Ängste können beängstigend und quälend wirken, das ist sicherlich so. Sie mögen Ihnen immer wieder wie eine Wand vorkommen, von der Sie sich bedroht fühlen. Die Frage ist nur, ob Sie einen Kampf gegen diese Wand gewinnen können. Ich vermute, dass außer einer „blutigen Nase“ und eigener Erschöpfung nicht viel dabei herauskommt. Da Sie nun diese Wand als Übeltäter ansehen, der schuld daran ist, dass Sie mit blutiger Nase erschöpft zusammensinken, können Sie sich sogar noch mehr von dieser Wand bedroht fühlen! Wohin mag dies führen? Vermutlich wissen Sie nun die Antwort.

Es geht in der Tat kein Weg daran vorbei, die Angst zu akzeptieren. Und wegen der zentralen Bedeutung wiederhole ich hier die Sätze, die auch meinem Leben entscheidende Impulse gaben:

Es ist, wie es ist.
Ich akzeptiere, wie es ist.
Und nun gehe ich den nächsten Schritt.

Ich sehe keine Alternative dazu. Und so gehört auch die Angst hierher. Ohne Akzeptieren bzw. Integrieren der Angst wird es nicht möglich sein, ein erfülltes Leben zu leben und Lebensfreude zu spüren.

Vor der „Angst“ müssen Sie sich nicht fürchten, das wurde schon recht bald klar. Sie gehört untrennbar zu unseren elementaren und lebensnotwendigen inneren Mustern. Dadurch kann Energie bereitgestellt werden, um den vielfältigen Herausforderungen besser begegnen zu können.

Aber auch vor den „Ängsten“ müssen Sie sich letztlich nicht fürchten, das ist nun auch deutlich geworden. Viele Herausforderungen im Leben sind nicht auf den ersten Blick sichtbar, sind aber dennoch wichtig. Um diese verborgenen Aufgaben aufspüren zu können, bedarf es manchmal doch eines energischen Impulses, der Sie zum Handeln zwingt, z. B. in Form der Ängste.

Haben wir alle nicht immer wieder eine gewisse innere Bequemlichkeitshaltung? Besteht nicht die Anspruchshaltung, ein „schönes Leben“ (was immer das heißen mag) zu haben? Wie viele Anstrengungen werden mit diesem Ziel unternommen? Das Ergebnis ist oft ernüchternd: Ein Leben voller Ängste. Ich bin einigermaßen erstaunt, dass dieser Widerspruch bislang noch kein „Thema“ unserer Gesellschaft geworden ist.

Das Streben nach einem Leben
ohne Ängste führt oft zu einer Vermehrung der Ängste.

Anders vermag ich es nicht zu formulieren. Denken Sie an den Widerspruch, den ich zu Beginn benannte. Hat dieses Streben nach einem „schönen Leben“ ohne Ängste wirklich zum ersehnten Ziel geführt? Ich denke nicht. Darum stelle ich Fragen.

Wenn also diese Strategie nicht zum Ziel führt, stelle ich nun eine gegenteilige Strategie als Möglichkeit vor:

Das Integrieren der Ängste in das Leben führt zu einer
Verminderung der Ängste.

Welch Wunder tut sich hier auf! Ich erwähnte bereits die eigenartige, aber wunderbare Paradoxie des Lebens: Wenn Sie auf etwas verzichten, wird es Ihnen geschenkt.

Damit keine Missverständnisse entstehen, muss dies erklärt werden. Es kann natürlich nicht um einen allgemeinen Verzicht auf die Vorstellung eines zufriedenen Lebens voller Lebensfreude gehen. Verzicht als Lebensziel? Das ist nicht mein Anliegen.

Ich denke an die „conditio sine qua non“, an die „Bedingung, ohne die es nicht geht“. Dies ist von entscheidender Bedeutung! Wenn Sie z.B. das Fehlen der Angst als zwingende bzw. ausschließliche Bedingung ansehen, ohne die Sie nicht zufrieden leben können, dann befinden Sie sich auf dem besagten Weg des ständigen Strebens nach einem schönen und angstfreien Leben, dessen Resultat ich eben in Frage stellte.

Dies, und *nur* dies, ist die Bedingung, auf die Sie verzichten können. Wenn Sie also sagen, dass es für Sie letztlich auch o.k. ist, wenn Sie in Ihrem Leben mal Angst spüren, dass damit Ihr Leben nicht lebens„unwert“ ist, dass Sie sich, wenn die Angst schon einmal da ist, eben damit arrangieren, dann verzichten Sie nur auf diese zwingende bzw. ausschließliche Bedingung! Sie sagen sich dann, dass es für Sie auch *mit* der Angst möglich sein wird, irgendwie zurechtzukommen und zufrieden leben zu können.

Selbstverständlich bleibt die Vision eines erfüllten Lebens Ihnen erhalten! Es wird nicht von Ihnen erwartet, Ihre Träume aufzugeben! Sie sind wichtig, damit Sie sich Ihr Ziel vor Augen halten können. Ohne Ziel haben Sie keine Orientierung.

Integrieren der Angst bedeutet kein Verzicht auf die Lebensträume!

Das Gegenteil ist wahr! Es geht hier doch darum, wie Sie Ihren Lebenszielen am effektivsten näher kommen können. Dies ist letztlich das einzige Anliegen, das ich mit diesem Buch verfolge.

Ihre Angst, aber auch Ihre Ängste weisen Sie immer wieder auf Ihre Aufgaben hin, auf Ihre „inneren Baustellen". Je mehr Sie davon erledigen, desto erfüllter wird Ihr Leben sein, desto mehr Lebensfreude erlangen Sie und umso dauerhafter wird auch dieser Zustand sein.

Es ist von entscheidender Bedeutung, welche Variante der folgenden beiden Sätze Sie für sich als wichtig erachten:

- *Nur wenn* ich angstfrei bin, kann ich zufrieden leben.

  oder:

- *Nur wenn* ich zufrieden lebe, kann ich angstfrei sein.

Die Bedeutung dieser „Nur wenn"-Sätze wurde ja schon mehrfach angesprochen (Kapitel „Der zweite Teufelskreis der Angst"). Der spiegelbildliche Satz dahinter heißt dann jeweils:

- Wenn ich *nicht* angstfrei bin, kann ich *nicht* zufrieden leben.

  oder aber:

- Wenn ich *nicht* zufrieden lebe, kann ich *nicht* angstfrei sein.

Die Konsequenzen liegen deutlich vor Augen. Wenn Sie Ihre Lebenszufriedenheit von der Bedingung der Angstfreiheit abhängig machen, dann haben Sie – gelinde ausgedrückt – ein Problem. Da es ein Leben ohne Angst nie und niemals gibt, bedeutet dies die eigene (unbewusste) Entscheidung dafür, sich in Ihrem Leben nicht wohl zu fühlen! Das kann ja nicht Ihr Anliegen sein!

Die Bedingung „ohne Angst" bedeutet
die eigene Entscheidung
für ein unzufriedenes und angstvolles Leben.

Das Fatale ist ja auch, dass Sie dann, wenn Sie einmal ohne Angst sind und es Ihnen gut geht, damit die „Richtigkeit" Ihrer Bedingung erfahren und keine Notwendigkeit der Änderung sehen.

Wenn also die Bedingung der Angstfreiheit nicht erreicht werden kann, wie sieht es mit der Bedingung der Lebenszufriedenheit aus? Wovon hängt es ab, sich im Leben wohl zu fühlen? Dies von dem Fehlen von Angst abhängig zu machen, führt Sie nicht weiter, das haben Sie nun gesehen.

Die Antwort ist ebenso banal wie grundlegend: *Sie allein* sind für Ihre Zufriedenheit in Ihrem Leben zuständig! Wer sollte es denn sonst sein? Aber dies bedeutet ja, dass Sie alle Möglichkeiten *selbst* in der Hand haben!

Wenn Sie Ihre Angst und Ihre Ängste als Möglichkeit sehen, Ihre eigenen Aufgaben zu erkennen und letztlich Ihren Lebensträumen näher zu kommen, dann verschwindet die „Angst vor den Ängsten".

Es mag immer wieder vorkommen, dass sich in Ihrem Leben Ihre Angst zeigt. Das gehört auch zu meiner eigenen Lebenswirklichkeit. Aber Sie werden sie letztlich als Ihren Freund und Partner sehen, dem es ebenfalls ein Anliegen ist, dass Sie Ihre Lebensträume realisieren. Wenn Sie die darin verbundenen Chancen erkennen und mit der Umsetzung beginnen, werden Sie erleben, dass die Ängste immer seltener auftreten werden. Warum sollten sie auch noch auftreten? Sie haben ja bereits von sich aus damit begonnen, sich selbstständig Ihren Lebensaufgaben zu stellen und Ihr Leben effektiv zu gestalten. Sie haben damit den jetzigen und künftigen Ängsten den Boden entzogen.

Damit aber haben Sie gleich einen doppelten Effekt erzeugt, einen zweifachen Erfolg!

- Sie haben weniger Ängste
- Sie haben mehr Energie für die Lösungen Ihrer Probleme.

Je mehr es Ihnen gelingt, Ihre Angst in Ihr Leben zu integrieren, umso weniger fürchten Sie sich davor. Je weniger Ängste Sie aber vor Ihrer Angst haben, desto weniger sind Ihre Lebensenergie, Lebensfreude, Vertrauen und Zuversicht blockiert. Damit haben Sie gute Möglichkeiten, die Dinge in Ihrem Leben effektiv und konstruktiv zu regeln. Damit aber haben Sie noch weniger Anlass für weitere Ängste! Für diese Zusammenhänge habe ich das Diagramm auf Seite 195 entwickelt. So zeigt sich hier eine Spirale der Angst in der Gegenrichtung! Sie sehen es: Es bedarf letztlich nur der initialen eigenen Entscheidung, die Angst in das eigene Leben zu integrieren. Alles weitere, was daraufhin folgt, führt zu einem Kreis, der sich wie von allein weiterbewegt.

Hier finden Sie ein weiteres zwar rätselhaftes, aber wunderbares Paradox des Lebens:

Ängste blockieren die eigene Energie,
dennoch führt das Akzeptieren dieser Ängste zu einem
Freiwerden dieser Energie und damit zum Vertrauen!

Es braucht im Grunde nur diese *eine* grundlegende Neuorientierung: das Loslassen der Ängste und deren Integration. Die damit verbundenen positiven Verände-

Integration der Angst

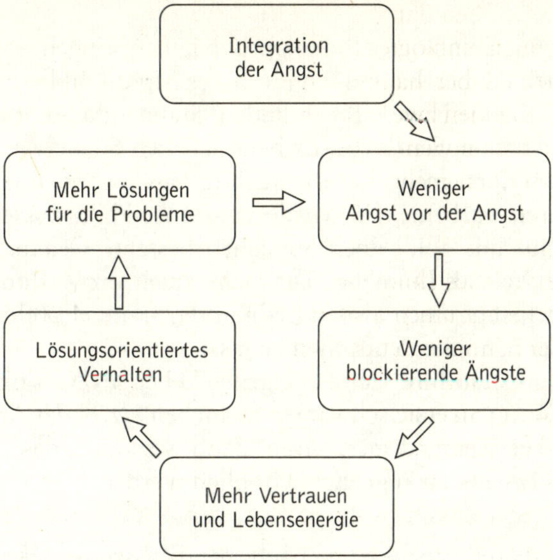

rungen werden Sie ermutigen, weiterzugeben. Dann kommen Sie Ihren Lebenszielen tatsächlich näher! Dann ist der Weg frei, um immer wieder echte Lebensfreude zu spüren, ohne die Ängste ignorieren zu müssen. Das ist ein unvergleichbar wunderbares Lebensgefühl! Ich wünsche Ihnen für diesen Weg viel Erfolg.

Bei meiner Arbeit an diesem Text erfuhr ich von zwei kurzen Sätzen, die von der Zen-Lehrerin Cheri Huber formuliert wurden. Diese Worte fassen diese Erkenntnisse wunderbar und einprägsam zusammen und haben eine heilende Wirkung. Sinngemäß heißen sie:

Widerstand bringt Leid.
Akzeptieren bringt Freiheit.

Diese Freiheit wünsche ich uns allen.

Mag noch ein Bild es Ihnen optisch näher bringen. Stellen Sie sich ein großes und wunderbares Mosaikbild vor, wie Sie es in gotischen Kirchen finden. Staunend und bewundernd stehen Sie davor. Es befinden sich Steinchen *aller* Farben dort, goldgelbe wie auch rabenschwarze und alle anderen Farben. Wie würde ein Mosaikbild aussehen, das nur aus goldgelben Steinchen besteht? Genau: Das wäre kein Bild mehr. Die schwarzen bzw. dunklen Steinchen gehören also unbedingt dazu, um ein Bild von großer Schönheit entstehen zu lassen.

Nun stellen Sie sich Ihr eigenes Leben als Mosaikbild vor. Wenn Sie die „schwarzen Steinchen“ (z.B. der Angst) dort belassen und integrieren, dann wird auch das „Bild Ihres Lebens“ von großer Schönheit werden.

An dieser Stelle bzw. nach der Zusammenfassung dieses Kapitels sind Sie am Ende der Reise durch den Umgang mit der Angst und den Ängsten angekommen. Dennoch hört das Buch hier noch nicht auf.

Ich lade Sie ein, im nächsten Kapitel „Persönliches Bekenntnis“ meine weitergehenden und sehr persönlichen Betrachtungen zu lesen. Dies ist für den Umgang mit den Ängsten jedoch nicht von entscheidender Bedeutung. Sie können also ohne weiteres hier mit dem Lesen aufhören.

Konsequenzen für den Alltag

Sich im Leben wohl fühlen und mehr Lebensfreude erlangen

- Ihre jetzige Situation ist das Resultat Ihrer bisherigen Entscheidungen. Ihre künftige Situation wird das Resultat Ihrer heutigen Entscheidungen sein.
- Wenn Sie nur an „weniger Angst“ denken, wo bleibt der Gedanke an „Vertrauen“?
- Ohne Sorgen zu sein heißt natürlich nicht, gleichgültig zu sein, sondern effektiver die Zukunft gestalten.
- Eigene Ängste schaffen oft Beweise für die Richtigkeit dieser Ängste.
- Man kann die Leiter zur Lösung nicht ersteigen, wenn man auf der Stufe des Problems stehen bleibt.
- Es macht keinen Sinn, die Realität nicht zu akzeptieren, da sie bereits geschehen ist.
- Eine Welt, in der Gefühle nicht mehr wahrgenommen werden, ist zum Fürchten. Sensibilität hilft bei der Orientierung im Leben.
- Sind Hilfe, Zuwendung und Liebe wirklich nur mit dem Preis des eigenen drohenden Zusammenbruchs möglich?
- Liebe geben kann nie eine negative Wirkung haben.
- Das Problem beim anderen belassen gibt Ihnen Energie für Ihre Hilfe.
- Schlechte Nachrichten können durch eigene gedankliche Fehler Ängste entstehen lassen.
- Erhöht das Erfahren schlechter Nachrichten die Wahrscheinlichkeit, dass Ihnen selbst Ähnliches passiert?
- Wenn fast alle Ängste der Vergangenheit unnötig waren, werden wohl auch heute fast alle Ängste unnötig sein.
- Was Sie früher *ohne* Erfahrung geschafft haben, werden Sie künftig *mit* Ihrer Lebenserfahrung besser schaffen.

- Für mich ist gesorgt. Ich habe immer alles, was ich wirklich brauche. Ich werde zur rechten Zeit meine Ziele erreichen.
- Sollte sich eine Befürchtung doch bewahrheiten, können Sie darauf vertrauen, auch dies zu meistern.
- Ängste davor, Gewalt zu erfahren, wird diese nicht verhindern. Es ist wichtig, selbst zu einer Gewaltlosigkeit beizutragen.
- Je mehr Sie Energien für Ärger, Ängste und Sorgen vergeuden, umso weniger haben Sie für effektives Handeln.
- Eine sinnvolle Lösung kann kaum effektiv mit Hadern, Jammern, Ängsten und Sorgen herbeigeführt werden.
- Negative Gefühle sind nicht gefährlich. Sie zeigen Ihnen oft Ihre Aufgaben.
- Das Streben nach einem Leben ohne Ängste führt oft zu einer Vermehrung der Ängste.
- Das Integrieren der Ängste in das Leben führt zu einer Verminderung der Ängste, nicht zu einem Verzicht auf eigene Lebensträume.
- Die Bedingung „ohne Angst“ bedeutet die eigene Entscheidung für ein unzufriedenes und angstvolles Leben.
- Ängste blockieren die eigene Energie, dennoch führt das Akzeptieren dieser Ängste zu einem Freiwerden dieser Energie und damit zum Vertrauen.
- Widerstand bringt Leid, Akzeptieren bringt Freiheit.

Persönliches Bekenntnis

Auf diesen letzten Seiten finden Sie meine eigenen und sehr persönlichen Betrachtungen und Überzeugungen über Lebenszusammenhänge.

Ich schildere Ihnen Möglichkeiten, wie ich all das, was ich bisher geschrieben habe, in einen größeren Zusammenhang eingebettet sehe. Mir selbst haben diese Erkenntnisse in hohem Maße geholfen, vertrauensvoll immer weiterzugehen. Schauen Sie selbst, wie die folgenden Seiten auf Sie wirken und ob Sie das eine oder andere für sich selbst übernehmen möchten.

Von dem Schriftsteller Hermann Hesse habe ich zwei Bilder übernommen, die mir sehr hilfreich waren, um mich in diesem Leben zurechtzufinden.

In seiner Novelle *Siddharta* beschreibt er einen großen Fluss, den „Fluss des Lebens". Dieser Fluss fließt unterschiedlich schnell, aber beständig weiter mit all seinen Wellenbewegungen, Strudeln, Wasserfällen und Ruhephasen. Ich selbst sehe mich als Bestandteil dieses Flusses. So fühle ich mich sicher und geborgen, auch wenn es mal etwas „lebhaft" zugeht. Ich kann nie aus diesem Strom herausfallen.

Diesen großen Strom empfinde ich als nichts anderes als das grenzenlose Reservoir der Liebe, die im gesamten Universum vorhanden ist. Dies ist die Liebe Gottes, in der ich diese Sicherheit und Geborgenheit finden kann. Sie ist grenzenlos vorhanden. Für mich besteht eine Verbindung zwischen mir und dieser grenzenlosen Energie, die ich mir wie eine Infusion mit unbegrenztem Vorrat vorstelle, durch die Energie immer zu mir fließen kann. Ich habe dann immer alles, was ich brauche, und fühle mich gut.

Die Realität sieht allerdings oft anders aus: Ich fühle mich zu gewissen Zeiten bedürftig, spüre meine Ängste, sehne mich nach Liebe. Wie kann dies geschehen? Der „Infusionsschlauch" besitzt Blockaden, die ihn manchmal verengen, sodass die Energie nur tröpfchenweise fließen kann und mir dann fehlt.

Die Aufgabe sehe ich für mich ganz klar. Ich muss diese Blockaden (meine inneren Muster) finden und mit der Auflösung beginnen. Danach brauche ich mir keine Gedanken mehr zu machen, woher die Energie und die Liebe kommen können: Sie werden wieder fließen und mich erfüllen. Und entsprechend dieser besagten wunderbaren Paradoxie des Lebens werde ich diese Liebe dann, wenn ich sie nicht mehr als zwingende Voraussetzung für mein erfülltes Leben ansehe, von anderen Menschen bekommen und werde dadurch gleich doppelt beschenkt!

Dieses Eingebettetsein in den Strom des Lebens und die innere Öffnung für die Energie der Liebe ist jedoch ein eher *passiver* Vorgang. Nach dem Prinzip der Polarität des Lebens gibt es aber auch die eher *aktive* Haltung. Diese aktive Haltung spiegelt sich in dem Gedicht „Stufen" von Hermann Hesse (siehe Seite 9).

Wenn die Energie wieder fließt und mich erfüllt, dann bin ich auch in der Lage, diese Energie weiterzugeben, meine Aufgaben im Leben zu erledigen und *Stufe um Stufe* meinen Lebens(t)räumen näher zu kommen! Dann kann ich mein Leben anders gestalten und kann auch aufhören, Erfüllung von anderen Menschen erhalten zu wollen, was zu vielen zwischenmenschlichen Konflikten und Enttäuschungen geführt hat.

Erst dann fühle ich mich in der Lage, die Liebe und Energie, die ich von Gott erhalte, weiterzugeben dorthin, worauf ich meine Aufmerksamkeit richte. Diese Richtung kann ich selbst bestimmen, ich habe diese Freiheit der Entscheidung.

Aber natürlich erlebe ich immer wieder eigenes Scheitern und Unvermögen, dies so zu spüren und so zu tun. So sind auch Ängste in meinem Leben Realität. Aber das Wissen, dass ich ein „Mitglied des Lebens“ bin, dass ich Bestandteil dieses Lebensflusses bin, lässt mich wieder gelassen und ruhig werden.

Darum gibt es für mich keine Ungerechtigkeiten im Leben. Alles funktioniert nach dem ewig gültigen Gesetz von Ursache und Wirkung. Der Umstand, dass ich eine Ursache nicht kenne, darf mich nicht dazu verleiten anzunehmen, dass keine Ursache vorhanden ist! So gibt es keine *Zufälle* für mich, aber Ereignisse, die mir *zufallen* aus Gründen, die ich oft nicht kenne.

Ich habe nicht das Recht, Ereignisse in meinem Leben, die ich nicht verstehe, als „ungerecht“ zu bezeichnen. Welche Überheblichkeit würde dies ausdrücken! Ist es wirklich meine Aufgabe, endgültig zu beurteilen, was „gut“ und „schlecht“ ist? Bereits Adam und Eva sind daran gescheitert und damit aus dem Paradies verbannt worden!

Mir werden in meinem Leben keine Ungerechtigkeiten und auch nichts Unmögliches zugemutet. Es kann alles funktionieren – allerdings auf einer Ebene der Erkenntnis, die ich noch nicht erreicht habe. So durchlaufe ich die „Schule des Lebens“, um diese Erkenntnisse zu erlangen.

Wenn diese Erkenntnis aber die Vorbedingung wäre, um in meinem Leben zufrieden zu sein, mich wohl zu fühlen und Vertrauen zu haben, hätte folgender Satz für mich Geltung:

- Ich kann mich nur wohl fühlen, wenn ich alles verstehe.

  Umgedreht lautet er:

- Nur wenn ich alles verstehe, kann ich mich wohl fühlen.

Wenn ich diesen Satz aber konsequent zu Ende denke, dann bekomme ich allerdings eine wahre innere Gänsehaut. Wer versteht denn *alles?* Dies kann nur Gott sein. So bedeutet dieser Satz den Beginn folgender Aussage:

- Nur wenn ich bin wie Gott, kann ich mich wohl fühlen.

Als mir dieser Satz zum ersten Mal bewusst wurde, bin ich innerlich in höchstem Maße erschrocken zusammengezuckt. Mir hat es fast den Atem geraubt. Was tut sich hier auf?! Mit dieser inneren Haltung würde sich ja das fortsetzen, was offenbar die Menschen seit Beginn der Menschheit zum Ziele haben: sein wollen wie Gott. Denken Sie an den Turmbau zu Babel. Mit großer Betroffenheit sehe ich aber genau diese Haltung bei vielen Menschen.

Nein, das kann es nicht sein! Alles verstehen zu wollen kann für mich keine Vorbedingung für ein zufriedenes und erfülltes Leben sein! Auch wenn in mir ein „göttlicher Funke" ist und Gott in mir lebt, nehme ich dennoch mein Unwissen an, das ich in vielen Bereichen noch habe. Ich vertraue aber darauf, dass der Tag kommen wird, wo ich verstehen werde. Wann er kommen wird, weiß ich nicht. Aber er wird kommen.

Ich befinde mich in meinem jetzigen Leben auf einer Zwischenstation auf meiner „Reise durch die Ewigkeit". Ich denke, dass es hier mehrere Stationen gibt, dass ich also mehrmals geboren werde und für jedes Leben einen eigenen „Aufgabenkatalog“ mitbekomme. Erst wenn ich all meine Aufgaben erledigt habe, kann es eine endgültige Rückkehr dorthin geben, wo meine eigentliche Heimat ist.

Jetzt bin ich in der Welt der Polarität. Der Gegenpol ist die Welt der Einheit, das ist die Welt Gottes. Wir haben auch den Ausdruck „Paradies“ dafür. Ich werde diese Welt eines Tages erreichen. Dazu bedarf es einer Überwindung dieser Polarität. Die Integration aller Pole, eben auch der Angst, ist für mich ein wichtiger Schritt auf diesem Weg. Dann erlange ich Freiheit. Diese Freiheit kann ich nutzen, um durch Liebe diese Polarität zu überwinden und meinem endgültigen Ziel näher zu kommen.

Ob mein jetziges Leben für diese Aufgaben ausreichen wird, vermag ich nicht zu sagen. Ebenso wenig weiß ich, wie es nach dem Ende meines Lebens weitergehen wird. Ich weiß allerdings, *dass* es weitergeht!

Dieses Wissen gibt mir die innere Ruhe und Kraft, gelassen und vertrauensvoll weiter meinen Weg zu gehen. Dabei weiß ich um meine Beschränkungen, aber ebenso weiß ich um meine vielfältigen Möglichkeiten. Dafür empfinde ich immer wieder große Dankbarkeit.

Brief an die eigene Angst

Durch einen so genannten „Zufall“ stieß ich bei meiner Arbeit an diesem Buch auf ein Dokument, das mich tief berührt hat. Es ist ein „Brief an die eigene Angst“, den eine junge Frau über ihre Erfahrungen und Auswirkungen im Umgang mit ihrer Angst geschrieben hat. Als ich sie fragte, ob ich diesen Text übernehmen könne, hat sie erfreut zugestimmt. Der Gedanke, dass ihre eigenen Erfahrungen anderen helfen könnten, war für sie ermutigend.

Hier die ungekürzte Fassung:

„Hallo Angst, da bist du ja wieder ...

Ich habe dich zwar nicht unbedingt willkommen geheißen, aber irgendwie habe ich dich auch erwartet.

Etwa zwei Jahre hast du dich nicht blicken lassen, jedenfalls nicht in Form einer Attacke, und jetzt dachtest du wohl, es ist an der Zeit, wieder aufzutauchen. Richtig aufzutauchen – damit ich dich an Leib und Seele richtig spüre und dich nicht verdränge.

Oh nein, ich hab dich wahrlich nicht vermisst. Es ist mir richtig gut gegangen ohne dich. Natürlich – ich wusste, dass du nicht für ewig in der Versenkung verschwunden sein würdest. Eine Therapeutin sagte früher mal über dich: ‚Angst neigt dazu, wiederzukommen.‘

Und da bist du jetzt wieder. Na ja, ich bin nicht mal böse auf dich. Du hast das bestimmt nicht getan, um mich zu ärgern oder zu quälen. Nein, so bist du nicht. Du kommst nicht einfach so, ohne Grund. Du willst mir mit deinem Erscheinen etwas sagen, stimmt's? Siehst du, so gut kenne ich dich. Im Grunde willst du mir nur helfen, oder? Ist doch so. Weißt du, deswegen habe ich auch nicht wütend und verzweifelt gegen dich angekämpft. Ich muss dich wohl einfach kommen lassen, weil du einen Zweck verfolgst. Nun ja, du hast mich schon sehr verunsichert. Eine halbe Stunde warst du ganz nah bei mir, hast mich umschlungen. Ich habe dich machen lassen, weil ich schließlich weiß, dass du noch hartnäckiger wirst, wenn ich vor dir davonlaufe. Nach dieser halben Stunde bist du auf leisen Sohlen wieder gegangen, aber du bist nicht ganz weg, richtig? Wie schon in den Wochen zuvor hältst du dich im Hintergrund, bist sozusagen im Standby-Modus, und wartest und beobachtest mich und mein Leben. Und du wirst wahrscheinlich wiederkommen, wenn du es für nötig hältst. Das ist kein besonders schöner Gedanke, aber ich weiß ja, warum du es tust.

Du willst mir was sagen. Ich weiß auch, was. Du hast ja Recht, ich bin in der letzten Zeit nicht sorgsam mit mir umgegangen. Irgendwie habe ich mich selbst verloren, und du stößt mich nun mit der Nase darauf. Du zeigst mir, wie leer meine Akkus im Grunde sind. Das letzte Dreivierteljahr war geprägt von beruflicher Orientierungslosigkeit, von häufigen Jobwechseln, vom Gefühl, in der Luft zu hängen. Nun bin ich endlich angekommen, habe einen sehr prägenden Schritt getan – es ist ein neuer Lebensabschnitt: Ich habe zu studieren begonnen. Du siehst mir zu und weißt daher, dass ich mich erst an den Uni-Alltag gewöhnen muss und momentan noch alles an mir vorbeirauscht. Aber das wird noch, nicht wahr? Wenn ich nur gut auf dich höre, finde ich durch dich die Möglichkeit, neue Kraft zu schöpfen. Ich weiß, wie paradox das klingt. Schließlich lässt du mich ja leiden und machst es mir nicht einfach. Aber ich weiß auch – wie gesagt – dass du das nicht aus Böswilligkeit machst. Das ist im ersten Moment schwer zu erkennen, ich weiß das.

Du hast auch mitbekommen, wie sehr ich daran knabbere, dass meine Mutter Depressionen hat und alkoholkrank ist. Wie lange das gedauert hat, bis ich erkannte, dass ich ihr nicht helfen kann. Und immer noch ist es schwer für mich, eine Grenze zu ziehen – innerlich für mich selbst.

Und die Krönung war dann schließlich noch das Ende meiner fast sechsjährigen Beziehung. Du weißt ja, auch wenn dieses Ende ein sehr sanftes war, ohne Streitereien und ohne Schuldzuweisungen, und ich jetzt (bzw. wir jetzt) am Beginn einer schönen Freundschaft stehe, so lassen sich diese fast sechs Jahre nicht so leicht ‚abstreifen'. Deswegen fühle ich mich auch etwas verloren, muss mich erst wieder als ‚Eintel' definieren.

Jetzt siehst du mir kopfschüttelnd zu, wie ich ruh- und rastlos umherstreife. Du merkst, dass ich nach langer Abstinenz meine Nervosität und sogar *dich* mit Zigaretten zu bekämpfen versuche. Klar ist das falsch. Und das zeigst du mir ja auch. Du drängst dich ja auch stärker in den Vordergrund, eben wenn ich meine Gefühle ‚wegrauchen' möchte. Und trotzdem schaffe ich es nicht, das Rauchen aufzugeben.

Hey, da stimmt so einiges nicht. Aber es ist irgendwie auch gut, dass du dich wieder gemeldet hast, denn sonst hätte ich das womöglich nicht erkannt. Ich habe dich oft gehasst und verflucht, aber jetzt kann ich das nicht mehr. Denn du hast Sinn.

Du bist mir so vertraut. Ich kenne auch deine Tricks, aber du und ich – wir haben uns immer irgendwie arrangiert, nicht wahr? In all den Jahren bist du gekommen und gegangen, aber ganz weg warst du eben nie (und wirst es vielleicht nie sein). Wir beide, wir werden nie Freunde sein, aber ich kann dich in meiner Nähe akzeptieren. Du wirst dafür sorgen, dass ich wieder mehr auf mich selbst Acht gebe, nicht wahr? Du lenkst mich nicht störrisch in irgendwelche vordefinierten Bahnen, sondern stupst mich an (mal mehr, mal weniger), für mich selbst etwas zu tun. Mal sehen, was ich diesmal von dir lernen kann. Ich werde nicht sagen: ‚Mach's dir gemütlich' (aber das hast du bestimmt auch nicht erwartet), aber ich werde bestimmt noch einige Zwiegespräche mit dir halten."

Ich stehe mit großer Ehrfurcht und Respekt vor diesen Zeilen. Vielleicht lassen auch Sie diese Worte einfach auf sich wirken.

Literaturanregungen

Diese Zusammenstellung von Literaturanregungen ist sehr persönlich, unvollständig und subjektiv. Sie stellt einen Teil jener Bücher dar, die mich selbst auf meinem Weg begleitet haben.

Dethlefsen, Thorwald: *Schicksal als Chance. Das Urwissen zur Vollkommenheit des Menschen.* Goldmann, München 2000

Egli, René: *Das LOL²A-Prinzip. Die Vollkommenheit der Welt.* Edition d'Olt, Oetwil 1999

Gawain, Shakti/King, Laurel: *Leben im Licht. Quelle und Weg zu einem neuen Bewusstsein.* Heyne, München 2001

Hay, Louise L.: *Gesundheit für Körper und Seele.* Heyne, München 2001

Hesse, Hermann: *Siddharta. Eine indische Dichtung.* Suhrkamp, Frankfurt am Main 2002

Kummer, Peter: *Ich will. Ich kann. Ich werde. Die hohe Schule des konstruktiven Denkens.* Herbig, München 1999

Kummer, Peter: *Warum geschieht gerade das ausgerechnet mir?* mvg, München 1998

Leidig, Stefan/Glomp, Ingrid: *Nur keine Panik! Ängste verstehen und überwinden.* Kösel, München 2003

Redfield, James: *Die Prophezeiungen von Celestine. Ein Abenteuer.* Heyne, München 2001

Riemann, Fritz: *Grundformen der Angst. Eine tiefenpsychologische Studie.* Ernst Reinhardt, München 1999

Trine, Ralph Waldo: *In Harmonie mit dem Unendlichen.* Engel-horn, München 1994

Wittchen, Hans-Ulrich: *Hexal-Ratgeber Angst. Angsterkrankungen. Behandlungsmöglichkeiten.* Karger, München 1995

Wolf, Doris: *Ängste verstehen und überwinden. Gezielte Strategien für ein Leben ohne Angst.* PAL, Mannheim 2001

Über den Autor

Ich bin 1947 geboren und seit 1980 als Frauenarzt tätig. Bei dieser Arbeit gab es immer wieder Anlass, Patientinnen in vielfältigen problematischen und manchmal sehr leidvoll empfundenen Situationen zu begleiten. So entstand eine gesprächstherapeutische Ausrichtung meiner Arbeit, die ich einige Jahre als ärztlicher Therapeut in psychosomatischen Kliniken vertiefte.

Mit Zukunfts- bzw. Existenzängsten habe ich auch selbst in schweren persönlichen und beruflichen Krisen zu tun gehabt und weiß, wie belastend dies sein kann. Ich habe jedoch nicht aufgegeben und bin meinen Weg weitergegangen. Aus diesen beruflichen und persönlichen Erfahrungen ist mein Wissen entstanden, das ich in meinen beiden Büchern beschrieben habe. Ich habe alles selbst erfahren und weiß darum, dass diese Schritte zu dem Ziel eines erfüllten Lebens ohne Ängste führen können.

Wenn Sie Fragen, Kommentare, Anregungen etc. haben, können Sie mich per E-Mail erreichen:

jens.baum@web.de

Sie erhalten bei mir auch Informationen über Seminare. (Siehe www.jens-baum.de)

Bereits erschienen:

Jens Baum: *Wie's weitergeht, wenn nichts mehr geht. Strategien in schwierigen Zeiten.*